한국기독교박물관 자료를 통해 본 근대 문화의 수용과 변용

이 저서는 2018년 대한민국 교육부와 한국연구재단의 지원을 받아 수행된 연구임
(NRF-2018S1A6A3A01042723)

메타모포시스 인문학총서 008

한국기독교박물관 자료를 통해 본
근대 문화의 수용과 변용

초판 1쇄 발행 2020년 12월 30일

저 자 ㅣ 오선실 외
펴낸이 ㅣ 윤관백
펴낸곳 ㅣ 도서출판 선인

등 록 ㅣ 제5-77호(1998.11.4)
주 소 ㅣ 서울시 마포구 마포대로 4다길 4 곳마루 B/D 1층
전 화 ㅣ 02) 718-6252 / 6257
팩 스 ㅣ 02) 718-6253
E-mail ㅣ sunin72@chol.com

정가 22,000원
ISBN 979-11-6068-338-7 93100

· 잘못된 책은 바꿔 드립니다.

메타모포시스 인문학총서 008

한국기독교박물관 자료를 통해 본
근대 문화의 수용과 변용

오선실 외

도서출판 선인

숭실대학교 한국기독교문화연구원은 1967년 설립된 한국기독교문화
연구소를 모태로 하고 1986년 설립된 〈기독교사회연구소〉와 통합하여
확대 개편함으로써 명실공히 숭실대학교를 대표하는 인문학 연구원으
로 발전하여 오늘에 이르렀다. 반세기가 넘는 역사 동안 다양한 학술
행사 개최, 학술지 『기독문화연구』와 '불휘총서' 발간, 한국기독교박물
관 소장 자료의 연구에 주력하면서, 인문학 연구원으로서의 내실을 다
져왔다. 2018년 한국연구재단의 인문한국플러스(HK+) 사업 수행기관으
로 선정되며 또 다른 도약의 발판을 마련하였다.

본 HK+사업단은 "근대전환공간의 인문학 - 문화의 메타모포시스"라
는 아젠다로 문·사·철을 아우르는 다양한 연구자들이 학제간 연구를
진행하고 있다. 개항 이래 식민화와 분단이라는 역사적 격변 속에서
한국의 근대(성)가 형성되어온 과정을 문화의 층위에서 살펴보는 것이
본 사업단의 목표다. '문화의 메타모포시스'란 한국의 근대(성)가 외래
문화의 일방적 수용으로도, 순수한 고유문화의 내재적 발현으로도 환
원되지 않는, 이문화들의 접촉과 충돌, 융합과 절합, 굴절과 변용의 역
동적 상호작용을 통해 형성되었음을 강조하려는 연구 시각이다.

본 HK+사업단은 아젠다 연구 성과를 집적하고 대외적 확산과 소통
을 도모하기 위해 총 네 분야의 기획 총서를 발간하고 있다. 〈메타모포
시스 인문학총서〉는 아젠다와 관련된 연구 성과를 종합한 저서나 단독

저서로 이뤄진다. 〈메타모포시스 번역총서〉는 아젠다와 관련하여 자료적 가치를 지닌 외국어 문헌이나 이론서들을 번역하여 소개한다. 〈메타모포시스 자료총서〉는 숭실대 한국기독교박물관에 소장된 한국 근대 관련 귀중 자료들을 영인하고, 해제나 현대어 번역을 덧붙여 출간한다. 〈메타모포시스 대중총서〉는 아젠다 연구 성과의 대중적 확산을 위해 기획한 것으로 대중 독자들을 위한 인문학 교양서이다.

동양과 서양, 전통과 근대, 아카데미즘 안팎의 장벽을 횡단하는 다채로운 자료와 연구 성과들을 집약한 메타모포시스 총서가 인문학의 지평을 넓히고 사유의 폭을 확장하는 데 기여할 수 있기를 바란다.

2020년 11월

숭실대학교 한국기독교문화연구원 HK+사업단장

장경남

19세기 뒤늦은 개항과 함께 유입된 서구 지식, 문화는 기존 동아시아의 전통사회의 질서를 뒤흔들 만큼 압도적이었지만, 가치 체계, 사유 방식이 이질적이었던 만큼 있는 그대로 이전될 수 없었다. 즉 서구의 새로운 지식과 문화, 기존 사회의 지식과 가치의 만남은 일종의 교역 공간인 근대전환공간을 만들어냈는데, 이러한 전환공간을 통해 두 문화는 충돌하며 혼종되어 비로소 새로운 지식체계로서 한국사회에 토착화될 수 있었다. 이러한 근대전환공간에서 일어난 서구 근대 문화의 수용과 변용의 양상을 추적하기 위해, 이 연구는 숭실대학교 한국기독교박물관이 소장한 여러 자료들 중 특히 기독교 윤리와 여성들의 혼인관의 변화를 보여주는 자료들, 근대 교육체계 형성에 근간이 된 각종 교과서, 교재들에 주목했다.

먼저 하나님의 가르침에 따라 근면성실하게 살아가는 새로운 인간 상을 제시한 교회는 기존 동아시아 질서와는 다르게 작동하던 서구 근대의 사회 질서, 서구 근대의 가치관을 경험할 수 있는 공간 중 하나였다. 특히 하나님 아래 남녀가 평등하다는 교회의 가르침은 전통적인 유교의 남존여비 질서 아래서 살아가던 여성들에게 큰 충격을 주었다. 이는 곧 당시 여성들의 삶에서 가장 중요한 문제 중 하나였던 혼인을 바라보는 관점에도 큰 변화를 가져왔는데, 교회는 새로운 결혼 문화를 만들어내는 공간이 되었다. 오지석이 분석한 애니 베어드의 『고영규전』은 기독교가 가져온 그러한 가치관의 변화를 잘 보여준다. 오지석에 따르면, 선교사 부인으로서 애니 베어드는 근대전환기를 살아가는 여성의 이야기를 통해, 자의식과 문화적 신념, 행동 양식, 나아가 해방의 가능성까지도 제시했다. 그런가 하면 박혜미가 해제한 한국인 목사가 쓴 『혼인론』과 서양 선교사가 저술한 『교회혼례론』은 1910년대와 1920년대 초 조선의 혼인풍습을 비판적으로 바라보는 기독교의 시각을 담았다. 이 자료들은 기독교 안에서도 선교사들과 한국인 목자들 사이에 미묘한 시각차가 있었음을 보여준다. 윤정란은 주일학교 교사를 양성하기 위해 사용된 아동중심교육학 교재를 분석함으로써, 근대전환기 시작된 기독교 윤리교육과 아동중심교육이 전통사회의 유교 질서에 균열을 가져왔음을 보였다.

한편 갑오개혁의 일환으로 근대 학제가 도입되면서 관립학교 뿐 아니라 사립학교들이 전국 각지에 설립되어 일반 국민을 대상으로 하는 보통 교육을 시작했다. 이에 따라 당장 각 초·중등학교 수업에 사용할 뿐 아니라 각 교육기관에서 학생들을 가르칠 교원을 양성하기 위한 교과서, 교재 출판도 빠르게 증가했는데, 교과서, 교재 편찬은 한말 여러 제약 속에서도 서구 지식을 수용하는 주요 경로 중 하나가 되었다. 심의용의 연구는 1907년 보성관에서 출판된 김하정의 『심리학교과서』의 내용 분석과 함께 메이지 초기 일본의 대대적인 번역 사업을 통해 일본에 수용된 서구 심리학이 또 한 번 교과서라는 형태로 번역되어 한국에 유입되는 과정을 추적했다. 심의용에 따르면, 이러한 과정들은 단순히 외래의 지식을 자신들의 언어로 번역하는 작업만은 아니었는데, 그것은 국권회복을 위해 민중을 계몽하고자 했던 당시 지식인들의 지상 과제를 포함해 한국의 근대 심리학을 일본의 그것과는 다른 체계와 구성으로 번안해내는 과정이었다. 오지석은 근대전환기 기독교 윤리

체계가 한국사회에 자리 잡는 과정을 추적했다. 오지석에 따르면, 숭실대학 철학 강좌는 미국 선교사의 서양철학, 일본유학생을 통해 들어온 유럽 철학, 그리고 한국에 정착한 서양 철학이 서로 덧대져 새롭게 태어나는 메타모포시스의 현장이었다. 윤정란의 연구는 근대 초기 선교사부인으로 한국에 와 숭실학당에서 실제 식물학을 가르치는 교사로 활약했던 애니 베어드가 번역·출판한 『식물도설』(1907), 『식물학』(1913)에 대한 분석을 토대로 선교사 학교가 한국에 근대 식물학이 도입되는 중요 경로 중 하나였으며, 특히 숭실대학은 농촌 계몽 운동 등 식민지 조선 사회의 필요에 부응해 식물학을 현장 실습과 결합한 실용적 지식으로서 체계화하는데도 중요한 기여를 했음을 보였다. 마지막으로 오선실은 애니 베어드가 생리학 수업을 위해 직접 번역한 『싱리학초권』을 분석하고, 숭실학교의 과학교육이 정립되는 과정을 추적했다.

2020년 11월
숭실대학교 한국기독교문화연구원 HK연구교수
오선실

제2부 학교 : 근대 학문 분야의 수용과 변용

제1부
교회 : 새로운 가치관의 수용과 변용

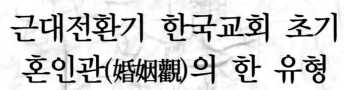

근대전환기 한국교회 초기 혼인관(婚姻觀)의 한 유형

- 숭실대학교 한국기독교박물관 소장 애니 베어드(Annie L. Baird)의 『고영규젼(高永規傳)』 *Two Short Stories*를 중심으로

오지석

근대전환기 한국교회 초기 혼인관(婚姻觀)의 한 유형

－숭실대학교 한국기독교박물관 소장 애니 베어드(Annie L. Baird)의
『고영규전(高永規傳)』 *Two Short Stories*를 중심으로

Ⅰ. 박물관에서 만난 근대전환기

인간은 이야기하는 동물(a story-telling animal)이며, 또한 윤리적 동물이
다. 이야기는 성품을 형성시키는 데 주요한 역할을 한다. 또한 이야기
는 그 자체로도 실제 생활에 있어서 윤리적 패러다임으로 제시될 수
있다. 좋은 삶의 모델을 보여 주는 이야기는 실생활 하는 데 있어서 윤
리적 행동과 생활의 방향을 안내할 수 있다. 이야기 안에는 도덕적 가
치, 성품, 그리고 이상이 내재되어 있다. 모든 이야기들은 가치를 제시
하며, 전달하고, 내면화시킨다. 또한 이야기는 이야기 안에서 무엇이
선이며, 무엇이 옳은 것인가를 해석한다. 이야기는 각 공동체의 정체성

을 밝혀주고 어떤 가치나 신념을 강화시켜 줌으로써 공동체의 구성원인 개인들의 삶을 형성시킨다. 기독교 윤리에 대해 '단순히 행위 결정 과정을 도와주는 이론이나 방법론으로 보지 않고 기독교의 이야기를 통하여 윤리 행위자의 성품을 형성하고 기독교적인 세계관을 형성시키는 것이다'라고 정의할 수 있다면, 애니 베어드(Annie L. A. Baird, 安愛理)의 『고영규젼(高永規傳)』 *Two Short Stories*는 이야기 윤리(내러티브 윤리)의 전형이 될 수 있을 것이다. 왜냐하면 저자 애니 베어드는 이 이야기 속에 자의식 형성과 새로운 가치관, 문화적 신념, 행동의 양식, 그리고 변혁 또는 해방하는 힘을 담고자 하였기 때문이다.

『고영규젼(高永規傳)』은 서양 선교사들이 한국에 들어와 복음을 전파하고 교인을 지도하며 봉착한 어려운 문제 가운데 하나였던 혼인[1] 문제를 다루고 있는 이야기이다. 숭실대학교 한국기독교박물관 소장본인 『고영규젼(高永規傳)』 *Two Short Stories*는 〈고영규젼〉과 〈부부의 모본〉으로 구성되어 있다. 논자는 이것을 각각의 전혀 다른 이야기로 이해하기보다는 "내가 무엇이 되어야 하는가?"와 "내가 무엇을 할 것인가?"로 즉, "됨(being)"과 "행함(doing)"의 관계로 이해하려고 한다. 또한 이런 이해를 바탕으로 한국교회 초기 혼인관을 살펴볼 것이다.

---

[1] "혼인과 결혼은 어떻게 다른가? 현재 혼인은 법률 용어 또는 인류학 등의 학술용어로 쓰이고 결혼은 그 자체를 가리키는 말처럼 남녀가 부부 관계를 맺는 행위 또는 결혼 생활 가리키는 말로 사용된다. 그러나 결혼은 근대에 들어와 새롭게 정의되기 시작한 혼인 관념을 수용하는 과정에서 번역된 말로, 일제 강점기 이전의 문헌에서는 보이지 않는다." 권순학, 「혼인과 연애의 풍속을 내면서」, 국사편찬위원회 『혼인과 연애의 풍속』, 두산동아, 2005, 7쪽. 논자는 이 글에서 권순학의 견해에 따라 '혼인'이라 표기하기로 한다.

II. 근대전환기 한국의 혼인풍습

1. 혼인관의 변화

조선사회를 지배한 이데올로기는 유교였다. 그리고 조선 사회를 유지하는 근간은 효(孝)와 경(敬)을 강조하는 가족윤리와 그것을 뒷받침 하는 혼인에 대한 입장이었다. 이런 입장은 『주역(周易)』 서괘전(序卦傳)의 "먼저 천지가 있는 다음에 만물이 있고, 부자가 있으니까 그 다음에 군신관계도 성립한다"[2]라고 언급하고 있는 데에서 발견할 수 있다. 곧 '부자' 관계에 앞서서 '부부' 관계가 있다는 것이다. 관혼상제(冠婚喪祭)의 사례(四禮)[3]를 중심으로 하는 가례(家禮)에서는 혼례(婚禮)를 근본으로 삼는다. 곧 혼례가 바로잡히지 않고 부부의 윤리가 바로잡히지 않으면, 부자의 윤리, 가족의 윤리, 사회의 윤리 모두가 다 붕괴된다는 인식이다. 그러나 '왜 혼인하는가?', '혼인의 중요한 목적이 무엇인가?'라고 물을 때, 조선사회에서 혼인의 가장 큰 목적은 '조상 제사를 받들고 후손을 계승하기 위한 것[奉祭祀 繼後嗣]'이라 선언한다.[4] 또한 조선시대 여성교육서인 『내훈(內訓)』에서는 "아들이 자기의 처가 마음에 마땅할지라도 부모가 기뻐하지 않으면 내보내야 하고, 자식이 자기의 처가 못마땅

---

[2] 『周易』, 「序卦傳」, 右上篇 "有天地然後 有萬物, 有萬物然後 有男女, 有男女然後 有夫婦, 有夫婦然後 有父子, 有父子然後 有君臣, 有君臣然後 有上下, 有上下然後 禮義有所錯"

[3] '관혼상제(冠婚喪祭)'는 각각 성인식·혼인·장례·제사를 뜻한다. 관례는 머리에 갓을 써서 어른이 되는 의식이다. 옛날에는 남자 나이 20살이 되면 관례를 행하고, 여자 나이 15살이 되면 머리에 비녀를 꽂았다. 혼례는 혼인하는 예법, 상례는 상중(喪中)에 행하는 예법, 제례는 제사지내는 예법이다. 『소학감주(小學紺珠)』 인륜류(人倫類) 사례에, 사례는 관혼상제라 했다.
출처 http://100.naver.com/100.nhn?docid=83087

[4] 금장태, 『유학사상과 유교문화』, 한국학술정보, 2001, 185~188쪽.

하게 여겨지더라도 부모가 '이 아이는 나를 잘 섬긴다'하고 말씀하신다 면 아들은 부부의 예를 행하여 몸을 바쳐 집안이 기울어지지 않도록 한다"[5]며 남녀의 혼인과 부부됨의 출발을 부모에 대한 효에 두어야 한 다고 가르치고 있다. 이러한 유교의 입장은 서학의 등장과 근대전환기 개신교의 전래를 통해 심각한 도전을 받았다.

18세기 말과 19세기에 들어오면서 조선의 서학은 유교의 윤리체계와 많은 충돌을 하게 된다. 특히 서학의 남녀에 대한 입장이나 혼인관은 유교와는 이질적인 것이었다. 즉 남자와 여자는 모두 차별 없는 천주 의 소중한 피조물이라는 서학의 평등적 창조관은 특히 당시의 일상에 서 기능하고 있던 여성관과는 본질적으로 다른 것으로 서학이 양반층 부녀자에서 중하층 부녀자에 이르기까지 열렬히 수용할 수 있게 한 동 인이었다.

조선천주교인들에게 서양의 윤리를 알려준 빤또하(Didace De Pantoja)의 『칠극(七克)』,[6] 신자가 지켜야 할 생활규칙을 모아 놓은 『회장규조(會長 規條)』(1839),[7] 일반인들이 교리를 노래로 부른 『천주가사』를 보면 서학

---

5) 소혜왕후 한씨, 오영석 교주, 『내훈(內訓)』, 문조사, 1986, 53쪽.
6) 빤또하(Didace De Pantoja: 龐迪我)는 『칠극(七克)』 제6권 방음(坊淫)편 혼취정의 (婚娶正議결혼의 바른 뜻)에서 "제가 태어났던 지역의 모든 나라의 풍속은 그 어 느 곳이나 한 사람과 한 사람이 짝을 짓는 것을 바른 법도로 삼고 있습니다. 그래 서 위로는 국왕으로부터 아래로는 일반 백성에 이르기까지 한 사람의 지아비는 다만 한 사람의 지어미만을 짝으로 맞이하는데, 감히 이를 어기는 사람이 없습니 다. 그리고 만약 지어미가 죽으면 다시 아내를 맞아들일 수 있을 뿐, 첩은 맞아들 일 수 없습니다."라고 서학의 혼인관을 피력하고 있다. 龐迪我, 박유리 옮김, 『七 克』, 일지사, 2005, 366~367쪽.
7) 김정숙의 「조선후기 서학수용과 여성관의 변화」에서는 1921년에 간행된 『회장직 분』과 1913년에 간행된 『회장의 본분』과 별 차이가 없어서 『회장직분』을 중심으 로 이와 관련된 것을 제시하고 있다. 김정숙, 「조선후기 서학수용과 여성관의 변 화」, 『韓國思想史學』 20, 韓國思想史學會, 2003, 40쪽.

의 혼인에 대한 입장이 나타나 있다. 혼인에 있어 개인의 의사가 반영
되어야 하고, '일부일처제'를 확립하고 '축첩제', '과부개가금지'를 폐지
해야 한다는 것이었다. 이러한 서학의 입장은 동학 지도자들과 이후
전래된 기독교(프로테스탄트)의 가족윤리와 동질적인 것으로, 근대전환기
에 계몽지식인들의 담론에 지대한 영향력을 미쳤다.[8]

2. 혼인예식의 변화

조선시대에 유교식 절차를 중시하던 혼례는 조선 말기가 되자 기독
교라는 새로운 사조의 영향으로 점차 새로운 양상으로 변해갔다. 즉
절차의 간소함 때문에 이른바 개량 혼인식 또는 신식혼례[9]가 구식혼
례를 대신하기 시작하였다. 전통적인 유교식 혼례를 제대로 치루기 위
해서는 많은 경비가 소요되었다. 그래서 비교적 경제적 여유가 있는
계층을 제외하고는 그나마 일생에 한 번 있는 혼례마저도 제대로 치루
지 못했던 조선 말기에 생긴 혼례식의 형태인 복수결혼(福手結婚)[10]이
성행했다. 이 혼례식은 나중에는 보편화되어 양반들조차도 기독교인
이 되었을 때 이 복수결혼을 행했던 것 같다. 이것은 보다 합리적인 생

---

8) 백종구, 「초기 개신교 선교부의 사회윤리」, 『教會史學』 1:1, 한국교회사학연구원, 2001, 142쪽 참고.
9) "신식 결혼은 선교사 아펜젤러(Appenzeller, H. G)의 주례로 1888년 3월 정동교회당
에서 기독교식으로 치러진 한용경과 과부 박씨의 결혼식이 처음이라 한다. 이를
'예배당 결혼'이라고도 불렀는데, 신랑, 신부 앞에서 목사가 결혼에 관련된 성경구
절을 읽는 것으로 시작하여 '결혼 증빙'이라는 결혼 증명서에 결혼 당사자뿐만 아
니라 친권자, 주례, 증인의 도장을 찍는 것으로 결혼한 사실을 서로에게 확인시켰
다. 이 같은 신식 결혼식은 기독교 전파에 따른 교회 설립으로 점차 늘어갔다." (신
영숙, 「신식 결혼과 변화하는 결혼 양상」, 국사편찬위원회 편, 『혼인과 연애의 풍
속도』, 두산동아, 2005, 200쪽).
10) 복수결혼(福手結婚)은 작수성례(酌水成禮)라고 불려 지기도 했다.

활을 요구했던 기독교 교리의 뒷받침으로 이러한 경제적인 이유에서 생긴 복수결혼이 널리 행해졌던 것이 아닌가 보여 진다.[11]

한편 천주교에서는 신부의 집전으로 혼배성사(婚配聖事)가 행해졌으며, 천도교에서는 독자적 신식 혼례 방식이 마련되기도 하였다. 또한 1900년대 들어서는 법사의 주례로 불교식의 '불식화혼(佛式花婚)'이란 개량 혼례가 퍼졌다. 이 밖에도 근대적 사회 운동을 벌리고 있던 계명 구락부 회원들이 올렸던 고천식(告天式) 결혼도 광복 후까지 계속 보급된 가장 간략한 결혼 방법이었다. 교회, 절, 공공장소에서 한 신식혼례는 통칭 '사회 결혼'으로도 불렸는데, 1920년대 초기가 되면 장소가 모자랄 정도로 많은 사람이 행하였다.[12] 신식혼례의 등장은 경제적 이유와 기독교의 영향으로 당시 계몽운동이 전통 혼례를 지속적으로 타파해야 할 구습으로 인식하였던 점도 무시 할 수 없었을 것이다.

3. 외국인에 눈에 비친 조선의 혼인모습

19세기 말 서양인의 눈에 비쳐진 혼인에 대한 기록들이 있다. 대부분 기독교 선교에 대한 보고이거나 우리나라의 풍습을 경험하며 느낀 경이감을 기록한 여행보고서 수준이다. 그 주요 내용은 조혼(早婚)과 가부장권에 의한 혼인결정, 그리고 혼례식 과정과 첩, 과부의 생활 등에 나타나는 여성을 중점적으로 관찰하고, 남녀차별 현상에 대한 놀라움을 서술하는 것이다.

한국선교초기 여성과 교육문제에 관심과 애정이 많았던 스크랜튼

---

11) 서울육백년사, 신식혼례
http://seoul600.visitseoul.net/seoul-history/sidaesa/txt/6-9-5-1-1-1.html
12) 신영숙, 앞의 글, 198~201쪽.

부인(Mrs. M.F. Scranton)은 ≪The Korean Repository≫ 1898년 8월호에 실린 "Grace Wedding(은혜의 혼인)"에서 서울 상동 달성교회당에 다니는 은혜라는 소녀의 혼례식에서 참석하여 당시 혼례식의 절차, 혼례복 등을 묘사하고 있다. 그러나 그의 눈에 비친 신부의 모습은 다른 외국인들과 마찬가지로 괴상망측하게 그려져 있다.[13] 그리고 다니엘 기포드(Daniel Lyman Gifford 한국명 奇普)의 『조선의 풍속과 선교』(Every-Day Life in Korea)에는 당시 전통적인 혼례식 장면이 그려져 있다.[14] 이에 비해 E. J. 오페르트의 『금단의 나라 조선』은 일부다처제로 이해될 수 있는 가족제도와 여성의 지위에 대한 관심이 나타나 있다.[15]

근대전환기라고 통칭할 수 있는 이 시기는 관습으로 인정되었던 기존의 유교의 부부윤리(혼인관)와 개화 인사들이 지향했던 새로운 윤리의 만남이 본격화 되었던 때이다. 특히 서구의 기독교의 가족윤리가 조선에 소개되면서 남존여비의 남녀관과 이를 바탕으로 한 내외법, 축첩제도, 과부의 개가금지, 조혼 등의 가족제도는 비난을 면할 수가 없었다. 전통적인 가족제도의 타파는 조선이 문명사회에 진입하기 위한 선결과제였다. 지식인들은 인습에 젖은 가족제도를 비판하면서 그 제도에 담긴 윤리의식의 타파를 주장하였고, 이것은 다시 조선이 지향해야 할

---

[13] 유영렬·윤정란, 『19세기말 서양선교사와 한국사회』, 景仁文化社, 2004, 178~179쪽.

[14] 다니엘 기포드, 심현녀 옮김, 『조선의 풍속과 선교』, 한국기독교역사연구소, 1995, 49~52쪽.

[15] "일부다처제(一夫多妻制)는 조선에서는 보편화된 제도이며 여자의 운명은 중국의 아녀자들과 다를 바가 없다. 남자가 거느리는 여자들의 수는 그의 신분과 지위에 따라 다르다. 따라서 중·하류 계층은 대부분이 부유하지 못하므로 한 가구에 한 사람 이상의 아내를 갖기는 어렵다. 조선의 특별한 혼례 의식은 알려진 바가 없다. 남자와 여자의 아버지나 친척 간에 돈이 오고 가면 남자는 여자를 자신의 집으로 데려올 수 있으며 그를 상품이나 물건처럼 마음대로 취급할 수 있다." E.J. 오페르트, 신복룡·장우영 옮김, 『금단의 나라 조선』, 집문당, 2000, 114쪽.

새로운 가족윤리의식을 제시하는 것으로 이어졌다. 다시 말해 유교적 질서에 입각한 기존의 가족윤리의식이 서구의 새로운 윤리의식으로부터 거센 도전을 받기 시작한 것이다.[16] 그러므로 이러한 서로 이질적인 두 윤리의 공존은 일상에서 혼돈을 자아내고 있었다.

이러한 혼돈을 기독교의 입장에서 정리하고 해결책을 내놓은 것이 애니 베어드의 『고영규전』이다. 이 『고영규전』을 이야기윤리의 접근법을 통해 한국교회 초기의 혼인관을 구체적으로 살펴보기로 하자.

Ⅲ. 근대전환기의 한국교회 혼인론의 한 유형
– 애니 베어드의 『고영규전』 *Two Short Stories*[17]

『고영규전』 *Two Short Stories*는 숭실대학을 설립한 윌리엄 마틴 베어드 선교사 부인인 애니 베어드(Annie L. Baird, 安愛理)가 기독교에서 제시하고 있는 이상적 부부의 모습을 〈고영규전〉과 〈부부의 모본〉 두 편으로 묶어서 전개하고 있는 창작한 소설집이다. 〈고영규전〉은 당시 교회가 혼인문제 즉, 조혼·새로운 윤리가 제시하는 부부관계와 관련된 당면한 과제들을 풀어가는 데 집중되었다면 〈부부의 모본〉은 교회 공동체가 제시하는 혼인관과 규례 등을 이야기로 자세하게 소개하고 있다.

16) 전미경, 『근대 계몽기 가족론과 국민생산 프로젝트』, 소명출판, 2005, 50쪽.
17) 『고영규전』은 숭실대학교 한국기독교박물관에 소장되어있고 박물관에서 2014년 베어드 총서 시리즈 7권으로 해제(장경남), 현대어역, 영인하였다. 여기서 사용된 출전은 베어드총서 시리즈 7권의 영인본이다. 또한 간단한 해제는 기독교문사에서 간행한 『기독교대백과사전』 제1권에 실려 있다. 그리고 소재영·김경완이 엮은 『개화기 소설』, 숭실대학교출판부, 1999에 『고영규전』(「고영규전」, 「부부의 모본」)의 아래아 한글체가 있다. 『고영규전』에 대한 연구로는 다음과 같은 것들이 있다.

특히 저자인 애니 베어드는『고영규전』 *Two Short Stories*에 앞서『싯별전』 *Story of Sait Pyel*(1905)과『쟝자로인론』 *The Story of Old Chang*(1906)을 한글로, *Daybreak in Korea*(1909)을 영문으로 창작하였으며, Leigh Richmond가 쓴『우유쟝수의 딸이라』(1911)를 번역하였다. 저자의 작품들 속에는 근대전환기의 물결이 한국 여성을 전통적 관습의 구속으로부터 풀어주었다고는 하나 여전히 압제적인 혼인에 관한 불합리한 경향과 여성의 지위에 대한 관심이 그대로 나타나 있다.

모든 이야기들은 가치를 제시하며, 전달하고, 내면화시킨다. 또한 이야기는 이야기 안에서 무엇이 선이며, 무엇이 옳은 것인가를 해석한다. 이야기는 각 공동체의 정체성을 밝혀주고 어떤 가치나 신념을 강화시

소재영,「기독교의 전래와 한국문학」, 소재영 외 편,『기독교와 한국문학』, 대한기독교서회, 1990; 김경완,『한국소설의 기독교 수용과 문학적 표현』, 태학사, 2000; 김경완,『고대소설과 개화기소설의 기독교적 의미』, 월인, 2000; 이길연,『한국근·현대 기독교 문학연구』, 국학자료원, 2001; W.M.Baird, 한국교회사문헌연구원 편,『고영규전=高永規傳』, 한국교회사문헌연구원, 2001; 김병학,「한국 개화기 문학에 나타난 기독교 사상 연구」, 조선대학교 박사학위논문, 2004; 전성욱,「근대계몽기 기독교 서사문학연구」, 동아대학교 대학원 석사학위논문, 2004; 김성영,「개화기 기독교문학의 사상 연구」, 고려대학교 대학원 박사학위논문, 2005; 김경완,「고영규전(高永規傳)연구」,『溫知論叢』 1:1, 온지학회, 1995; 이길연,「근대적 자아의 확립과 가정상의 모색－〈고영규전〉과 〈부부의 모본〉을 중심으로」,『평화학연구』 2, 한국평화연구학회, 2004; 오지석,「한국교회 초기 혼인관(婚姻觀)에 대한 연구－애니 베어드(Annie L. Baird)의『고영규전(高永規傳)』(Two Short Stories)를 중심으로」,『기독교사회윤리』 12, 한국기독교사회윤리학회, 2006; 이인성,「애니 베어드의 선교문학의 세계」,『문학과종교』 13, 한국문학과종교학회, 2008; 유혜영,「기독교와 한국사상의 근대성『고영규전(高永規傳)』에 나타난 결혼관을 중심으로」,『冠嶽語文研究』 35, 2010; 서신혜,「애니 베어드의『한국의 새벽』과『고영규전』」,『문헌과해석』 65, 태학사, 2013; 서신혜,「『고영규전』의 서술 방식과 창작 기법에 관한 연구」,『동아시아문화연구』, 한양대학교동아시아문화연구소, 2014; 곽승숙,「애니 베어드 신소설 연구－「고영규전」과「부부의 모본」을 중심으로」,『한국문학이론과비평』 63, 한국문학이론과비평학회, 2014; 김사랑,「애니 베어드(Annie L. A. Baird, 1864-1916)의 선교사역과 음악」,『음악학』 27, 한국음악학학회, 2019; 표언복,「[한국 근대소설 속의 기독교 조명 07(마지막회)] 선교사들이 쓴 선교소설들」,『기독교사상』 740, 대한기독교서회, 2020.

켜 줌으로써 공동체의 구성원인 개인들의 삶을 형성시킨다.[18]

1. 나는 누구인가? 〈고영규전〉: 전통 관습을 따라 살던 부부에서 기독교 교인 부부로

〈고영규전〉은 주인공 고영규의 인생에 대한 번민과 갈등, 보배의 수 난과 인내 등 가정적인 문제에 대해 고영규, 길보배 부부가 기독교 신 앙을 통해서 참다운 부부상과 이상가정을 만들어 간다는 이야기로 전 개된다. 여기서 다루는 문제들은 삶의 의미, 조혼의 문제, 당사자의 의 견이 배제된 혼인결정, 남아선호사상, 혼인교육부재, 새로운 윤리에 대 한 갈망 등 이다. 특히 고영규가 경험하는 자아정체성에 대한 고민은 "됨(being)"과 "행함(doing)"에 있어서 우선순위가 무엇인가라고 묻는 것이 라고 할 수 있다.

1) 자아정체성

주인공 영규는 일찍 부모를 여의고 할머니와 농사지으며 살아간다. 자연만물을 보며 '인생이란 무엇인가'라는 물음을 던져보기도 한다. 그 는 인간의 삶이 짐승보다 나은 것은 무엇인가라고 자문해 본다. 그리 고 사후의 문제까지 물음을 확장해 나간다. 이런 고민들은 결국 그가 세속적인 시련을 겪고 난 후, 자아 정체성을 형성한다.

---

18) 한기채, 「기독교윤리와 이야기」, 한국기독교윤리학회 편, 『기독교윤리학개론』, 대 한 기독교서회, 2005, 236~244쪽.

2) 새로운 윤리에 대한 갈망 : 조혼금지와 남녀평등사상

이 소설의 배경이 되는 1900년대 초반은 조혼제도의 부당함과 조혼금지의 당위성을 널리 알리는 계몽활동이 활발히 전개되었다. 이러한 노력은 결실을 보아 갑오개혁 때 선언적인 조혼제의 폐지에서 한발 더 나아가 구체적인 조혼금지 조칙이 반포되었다. 순종이 내린 조서에는 남자 만 17세, 여자 만 15세 이상이라야 가취(嫁娶)할 수 있다고 되어 있다. 그러나 조혼금지를 명시한 법제정과 지식인들의 노력에도 불구하고 지배층뿐만 아니라 일반인들에게도 영향을 미치지 못해 현실 사회에서는 여전히 남아 있었다.[19]

재한 선교부는 조혼과 축첩에 대해 단호한 입장을 취했다. 조혼 풍속은 조선사회에 나쁜 영향을 준다고 파악했다. 그 이유는 다음과 같은 네 가지로 나타난다. 첫째, 조혼은 성적으로 미숙한 결합으로 허약한 아이가 출산될 가능성을 증가시킨다. 둘째, 조혼은 학교공부를 방해한다. 셋째, 조혼은 결혼 후 불화의 원인이 된다. 넷째, 조혼은 첩제도와 매춘같은 음란한 풍속을 조장한다. 선교부는 한국 교인들이 그들의 자녀를 일찍 결혼시키거나 다른 사람들에게 일찍 결혼하게 하는 것을 금지시켰다. 축첩제도는 남편 쪽에서 성적 순결을 지키지 않은 것을 의미하였다. 성경은 축첩제도가 없는 일부일처제를 부부관계의 규범으로 규정하고 있다.[20]

이 소설은 주인공 고영규와 아내 길보배의 혼인연령이 정확하게 언

---

19) 전미경, 앞의 책, 54~55쪽

20) W. M. Baird, "Should Polygamists Be Admitted to the Christian Church?", *The Korean Repository* 3, July-September, 1896, pp.194~198, 229~239, 256~266; 백종구, 앞의 글, 141쪽에서 재인용.

급되어 있지 않다. 하지만 13세 조실부모한 영규가 여러 해가 지나 혈기와 육체가 장성하여 지자 영규의 할머니는 "너는 웨쟝가가셔 안히를 드려오지안ᄂᆞ냐"[21]고 말하고 있는 것과 "부모가 제쏠이 싀집가지아니ᄒᆞ면 병신이라 닐ᄏᆞ름을 밧을줄알아"[22] 등의 구절에서 당시 조혼의 풍습의 흔적을 발견할 수 있다. 대개 15, 6세 이전에 혼인을 시켰던 까닭에 자녀들이 아직 자신들의 주장과 의견을 내세울 만한 성숙에 이르지 못했던 것이다.[23] "ᄒᆞ로는 그 할마니가 사돈집에 가셔 사돈과 소경의게 퇵일ᄒᆞᆫ거슬 다의론ᄒᆞ고 도라와셔 잔치를 예비ᄒᆞ더라'와 '오직ᄒᆞᆫ갓 걱졍ᄒᆞᄂᆞ거슨 부모가 나를 싀집보낼가 홈이러니 ᄒᆞ로는 그뎡혼ᄒᆞᆫ남편 영규의할마니가와셔 제부모와 홈ᄭᅴ 잔치날퇵ᄒᆞᆫ거슬의론홀ᄉᆡ 보빅가 그말을드르니 ᄆᆞᄋᆞᆷ이 울울ᄒᆞ야 그일면홀 방쳑만 싱각ᄒᆞ고"[24]라고 하는 데에서는 당사자들의 의사를 무시하고 부모가 마음대로 정혼하는 관례가 드러난다.

이렇게 혼인생활을 시작하다보니 혼인생활이 만족스럽지 못한 것은 당연한 일이었다. 보배가 "제가 아들을 나ᄒᆞ면 그남편의 ᄆᆞᄋᆞᆷ에 즐거워ᄒᆞ리라"[25]고 생각하는 데에서 혼인에 대한 잘못된 이해가 나타난다. 여기에서 우리는 '출산하는 것만이 혼인생활의 모든 문제를 해결하는 길'이라고 여기는 혼인에 대한 잘못된 이해를 발견할 수 있다.

영규는 아내가 딸을 낳자 '돌계집'보다 못하다고 핍박하고 술을 먹고 외입을 하기 시작한다. 또 영규가 장날 길거리에서 매서인이 책을 팔

---

21) 배부인, 『고영규젼』, 耶穌敎書會, 3쪽.
22) 위의 책, 4쪽.
23) 김태길, 『소설에 나타난 한국인의 가치관』I, 문음사, 1986, 269쪽.
24) 앞의 책, 3쪽.
25) 위의 책, 5~6쪽.

며 환란을 면하는 책이라고 선전하는 말을 듣고 "우리계집ᄋ히낫ᄂ환을 면케홀수있을까"[26]라고 생각하는가 하면, 또 전도지를 주며 복을 얻는 길을 가르치는 것이라는 말에 "츕복된 아들 낫ᄂ법을 ᄀᄅ치랴나"[27] 하는 장면에서 당시 지배하고 있던 남아선호사상이 잘 드러나고 있다.

영규는 딸만 낳는 아내를 외면하고 외지(서울)에서 외입잡기를 하다가 가진 것을 모두 탕진하고 노름판을 전전하다가 순검에게 잡혀 감옥에 갇힌다. 감옥생활 중 기독교인이 된다. 기독교인이 되어서 보배가 돌아온 영규에게 '내가 계집ᄋ히만 낫ᄂ거슬 용셔홀수잇ᄂ뇨'[28]라고 말하자 영규는 '그런말은 ᄒ지마시오 네가 단산홀ᄶᆡᄭᆡᆺ지 쭐만나흘지라도 내가 네타시라고다시 너를 욕ᄒ지아니 ᄒ리라'[29]하고 답한다. 여기서 영규가 남아선호사상을 극복하는 모습을 발견하게 된다.[30] 이것은 기독교의 윤리가 남녀평등사상과 일부일처제를 강조하고 있음을 보여주는 것이라고 할 수 있다.

작가는 외국인 선교사임에도 불구하고 고영규, 길보배 부부를 통해 기독교 전래 초기 단계에서 관습에 매여 미숙했던 기독교인의 실상과 의식을 그대로 보여주고 있다. 당시 한국사회가 겪고 있었던 많은 사회적 문제들 중 실생활과 관련이 있으며 근본적으로 바뀌어야 할 것들에 대해 논증과 설교의 방법이 아닌 이야기로서 접근하고 있는 점이 이 작품의 큰 장점이라 할 수 있겠다. 〈고영규전〉은 "나는 누구인가", "됨(being)"에 대한 이야기라 할 수 있다.

---

26) 위의 책, 8쪽.
27) 위의 책, 같은 쪽.
28) 위의 책, 17쪽.
29) 위의 책, 같은 쪽.
30) 이길연, 『한국 근·현대 기독교문학 연구』, 국학자료원, 2001, 131쪽.

2. 나는 무엇을 할 것인가? 〈부부의 모본〉 - 이상적인 부부의
모습 : 기독교의 혼인관

「부부의 모본」은 주인공 박명실과 양진주 부부중심으로 기독교에서
제시하는 혼인관을 펼치고 있는 소설이다. 박명실과 양진주 부부의 이
야기는 한국교회 초기 교인들과 일반인들에게 유교의 부부윤리에서
기독교의 부부윤리로 전환할 것을 권면하고 있다.

앞서 다룬 「고영규젼」이 이제 막 기독교로 개종한 부부의 이야기라
고 한다면, 「부부의 모본」은 어느 정도 기독교가 이 땅에서 자리 잡기
시작한 후 태어나서 성장한 기독교인 2세 부부의 이야기라고 할 수 있
을 것이다.

이야기는 단순히 우리의 기억들을 되살려 주는 것이 아니라, 우리의
실제적인 행동에 강력한 영향력을 행사한다. 그리고 우리는 이야기를
통해 자기 정체성과 공동체의 정체성을 잘 이해 할 수 있다. 리차드 니
버에 따르면 교회는 "자연의 세계처럼 공동의 기억과 공동의 희망 안에
서 각각의 살아 있는 자아의 참여"이다.[31] 교회는 공동의 기억, 공동의
해석, 그리고 공동의 비전을 공유한다. 기독교 공동체의 기본적인 활동
은 우선 지난 이야기를 다시 말하는 것이다. 도덕적 반성에 있어서의
연속성과 방향은 행위자의 이야기나 그가 공유하고 있는 기독교 공동
체의 이야기 안에서 발견되는 것이다. 이야기는 각 공동체의 정체성을
밝혀주고 어떤 가치나 신념을 강화시켜 줌으로써 공동체의 구성원인
개인들의 삶을 형성시킨다.

이 이야기는 혼인과 관련된 제 문제들 즉, '정혼 또는 약혼 시기, 남

---

[31] H. Richard Niebuhr, *The Meaning of Revelation,* New York: Macmillan Publishing Co,
1941, p.52.

편의 도리, 아내의 도리, 임신, 고부간의 갈등, 신혼부부들을 위한 권면 등에 대한 기독교 윤리의 답변을 제시하고 있다.

1) 새로운 혼인윤리 : 박명실과 양진주가 혼례를 교회가 제시하는 방식으로 준비함

박명실은 교회가 정한 혼인규례[32]에 따라 20세가 된 후 예수 믿는 집 규수 양진주를 신부로 맞기로 한다.[33] 그는 정혼시기에 혼인에 대해 많은 생각과 준비를 한다. 특히 기독교인으로서 혼인을 준비하면서 먼저 정혼녀를 생각하며 몸과 마음을 정결케 하고 세상의 이치나 습관보다는 하나님 말씀을 따르려고 노력한다. 그것은 다음과 같은 박명실의 생각에서 잘 나타난다.

---

32) 「교회통신 – 부산래신」, 『그리스도 신문』, 1906.1.11은 혼인문제에 대해 다루고 있는데 그 내용은 대략 다음과 같다. 불신자와의 혼인과 조혼을 금지하며, 혼인 당사자의 의견을 존중할 것과 법적 혼인연령인 남자 만 17세, 여자 만 15세보다 2~3년 뒤에 할 것을 권면함 그리고 매매혼 금지 등이다. 정부에서 조혼을 금지시키기 위해 정한 혼인 연령과 교회가 정한 혼인 연령이 같은 것을 알 수 있다. 또한 1914년 장로회 총회는 남자는 만 17세, 여자는 만 15년 이상이 되어야 한다고 정하였다. 이듬해인 1915년 일제는 법정 혼인 연령을 만 나이를 넣지 않고 남자 17세, 여자 15세 이상으로 정하였다.

33) 노병선은 『대한크리스도인회보』, 「엡윗청년회란」에서 조혼반대와 혼인에 있어서 당사자의 의사가 반영되어야 한다는 자신의 '혼인론'을 펼치고 있다. "우리 나라에셔 혼인 ᄒᆞᄂᆞᆫ디 큰 폐단이 두가지가 잇ᄉᆞ니 쳣ᄌᆞ는 일즉 혼인 ᄒᆞᄂᆞᆫ것시라 …(중략)… 둘지폐단은 혼인을 부모가 작뎡 ᄒᆞ여 주ᄂᆞᆫ 것시라 혼인이라 ᄒᆞᄂᆞᆫ거슨 두사ᄅᆞᆷ이 빅년 고락을 흠쎅 ᄒᆞᄌᆞ고 약됴 ᄒᆞᄂᆞᆫ 거신디 빅년 고락을 흠쎅ᄒᆞᄌᆞ면 ᄆᆞ음과 뜻이 합ᄒᆞ며 둘지 학문과 지식이 ᄀᆞᆺ며 셋지 외양과 쳐가 피츠에 대강은 ᄀᆞᆺᄒᆞ야 홀거시여ᄂᆞᆯ …(중략)… 그 폐를 방약이 네가지가 잇ᄉᆞ니 一 남녀가 분별이 업셔 동등 권리가 잇ᄂᆞᆫ줄을 알아야홀거시오 二 남녀간에 ᄀᆞᆺᄒᆞᆫ 학문으로 ᄒᆞᆫ 학교에셔 공부 ᄒᆞ여야 홀거시오 三 부모가 압졔로 혼인을 뎡ᄒᆞ여 주지 아닐거시오 四 혼인ᄒᆞᄂᆞᆫ 년긔를 뎡홀거시라" 노병선, 「혼인론」, 『대한크리스도인회보』, 광무 3년 4월 19일자 5면. 한국감리교회사학회, 『죠션그리스도인회보』 2, 한국교회사문헌연구원, 1990, 93쪽.

"처녀의 졍결혼거슬 싱각홀쩍에는 스스로 모음에 작뎡ᄒ기를 더러온 거
슬주고 맑고 졍혼거슬 밧ᄂ거슨 맛당치 아닌거시니 내가 더욱 더러운 일을
힝치아놀쑨더러 모음에 잇ᄂ 싱각신지라도 졍혼것 밧긔는 아니 ᄒ리라"
(「부부의모본」 20~21쪽)

이것은 당시 관례적인 남성들의 정혼모습에서 크게 벗어난 것이라
고 할 수 있다. 또한 혼인의 순결성에 대한 새로운 이해라고 할 수 있
다. 때로는 주변에서 그에게 "혹이 닐ᄋ뒤 안희의 말은 듯지말나ᄒ고
쏘 만일 안희를 갓가히 ᄒᄂ자는 조고마흔 일밧긔는 못ᄒᄃ"라고 말하
는 것에 관하여 이는 세속적인 주장에 불과하다고 간주하여 대수롭지
않게 여긴다. 이것은 인간은 모두 하나님 앞에서 평등하다는 생각이
드러낸 것이다.

박명실은 에베소서 5장 25절, 28~31절, 골로새서 3장 19절, 고린도전
서 7장 4절을 통해서 자신의 혼인관을 세운다. 이는 전통적 혼인관을
대신할 기독교의 혼인관을 제시한 것이다. 그는 특히 산에 올라가 '큰
나무(참나무)에 멀구너츌'[34]이 덮인 것을 보고 부부란 서로 돕는 배필이
라는 기독교의 부부관을 깨닫는다.

여주인공 양진주 역시 기독교 집안에서 성장한 규수로서, 어머니에
게 시집가서 행할 덕목에 관해서 묻자, 어머니는 에베소서 5장 22절~24절
을 들어 "지어미 된쟈여 슌복ᄒ기를 쥬씌 슌복ᄒ듯ᄒ라 대개 지아비가
지어미의 머리된이 쏘흔 그리스도가 교회의 머리됨과 ᄀᄐᄒ니 친히 몸
의 규쥬시라"고 가르친다.[35] 이에 진주가 에베소서 5장 25절을 읽고 남

---

34) '멀구'는 '머루'의 지방방언이다. 그리고 '너츌'은 넌출의 함경도 방언이고 넌출의 옛
   말이기도 하다. '멀구너츌'은 머루 줄기이다.
35) "그리스도가 교회의 '머리됨'이란 결국 중심을 일컫는 말로 교회와 그리스도가 일

편도 이와 같으면 순복하겠으나 그렇지 않을 때는 어떻게 해야 하냐고 묻는다. 이에 진주의 어머니는 부부의 관계를 활을 가지고 '활등'을 남편으로 '활줄'을 아내로 비유한다. 즉 아내는 남편과 가족을 위해 희생믿고 남편을 따르라고 권면하고 있는 것이다. 효와 경을 중시하는 유교의 가족윤리가 아닌, 희생과 봉사 그리고 사랑으로 드러나는 기독교의 정신을 바탕으로 한 새로운 윤리를 강조하고 있다. 애니 베어드는 혼례를 치르기 전의 박명실과 양진주의 생각과 행동을 통해 유가적인 전통 가정보다 기독교적인 새로운 가정의 모습을 그리고 있다.

2)기독교의 부부관 : 사랑을 매개로 한 인격과 인격의 만남

명실 내외가 아침저녁으로 하나님께 기도하며 참다운 가정을 이루어 행복하게 생활한다. 그러나 비록 예수를 믿으나 예전의 관습에 머무르고 있는 시어머니가 "네가 안히를 이것치 잇기면 오릭지 아니하야 뎌가 너를 사름아니라고 흐야 안히의 직분을 경홀이녁여 제고집대로만 할 것"[36]이라며 고부간의 갈등을 야기한다. 시어머니는 '예수를 믿으나 구습을 따르는' 사람으로, 이것은 현대 기독교인들에게서도 나타나는 모습이기도 하다. 이것은 효와 경을 중시하는 사회질서에서 흔히 드러나는 의식이라고 할 수 있다. 이것은 부부의 평등관계를 이해하지 못하는 것을 표현한 것이다. 이에 대해 명실은 어머니에게 "지아비가

체를 이루듯이, 가정에서 아내는 남편과 하나 되고 그에게 순종의 도를 행함을 의미한다. 물론 이것은 여기서 '순종'이란 의미는 남자는 주체로, 여자는 대상으로 지은 하나님의 창조원리를 중심한 입장에서의 여성의 도리이지, 가부장적 봉건체제 하에서의 불평등 관계를 의미하는 것은 아니다." 이길연, 『한국 근·현대 기독교 문학연구』, 국학자료원, 2001, 137쪽.

36) 배부인, 앞의 책, 30쪽.

지어미를 너그러히 딕졉을 아니 밧을 수 업소이다 오직 부부간에 홀
덕목은 둘이 다 조긔셩품을 닥고 허물을 곳쳐 피츳 즐겁게 행복을 영
위해야 한다"[37]고 자신의 생각을 피력하고 있다. 잘못된 부부관계는
남편은 아내의, 아내는 남편의 허물만 보며 자기만 즐거워하려는 이기
적인 관계로, 그와 같은 관계에서 벗어나 부부가 가정이라는 공동체에
서 같이 행복할 수 있는 관계로 발전해야 한다는 것이다.[38] 이것은 설
혹 한쪽이 잘못할지라도 사랑으로 감싸주고, 또한 부부 서로에게 불화
가 있을 때는 피차 위태로움을 깨닫고 곧 하나님께 기도하고 뉘우치며
용서하는 모습이 새로운 부부윤리라는 것을 제시한 것이다.

　　명실의 부부가 화목하고 또한 진주가 태아를 갖게 되어 분만이 가까
웠음에도 시어머니의 질투는 계속된다. 진주의 몸이 점점 무거워질 때
남편의 말에 따라 힘든 일을 하지 않게 되자 그 시어머니는 "노흥야 흐
는말이 이러케 게으르는 며느리는 처음 보앗다 너는 밥만먹고 일은 아
니흐겟느냐 어서 셔답을 가지고 시늬에가셔 쌜늬 흐여오라"[39]고 다그
친다. 전통적인 고부간의 갈등 내지는 혹독한 시집살이의 전형을 보여
주고 있다. 이와 같은 가정불화의 형상화는 한국의 전통적인 관습에서
야기되는 폐단에 관한 작자의 현실인식을 보여주고 있다. 특히 외국인
선교사인 작자가 한국인에게 새로운 사랑을 보급하고 교육시키고자
하는 시각에서 한국의 가족제도나 고부간의 갈등은 시정되어야 할 문
제점으로 인식하고 있음을 알 수 있다. 작자는 이에 관한 해결책 역시
성경에서 찾고 있다. 명실은 아내를 데리고 그의 어머니에게 가서 "사

37) 위의 책, 같은 쪽.
38) 이길연, 앞의 책, 138쪽.
39) 배부인, 앞의 책, 33쪽.

름이 쟝가가면 그 부모를 쩌나 지어미와 합ᄒ야 그 둘이 ᄒ육테가된다 ᄒ신말ᄉᆞᆷ을 싱각하여보니 내 ᄉᆞ랑ᄒᆞᄂᆞᆫ 모친이라도 우리부부의졍을 갈을수없다."[40]라고 말한다. 여기서 엿볼 수 있는 작자의 의식이 동양적인 사고와는 큰 차이를 보인다. 동양의 유교적인 사고체계로는 '효는 만행의 근본'으로 부모에 대한 효는 부부의 도리보다 앞선다. 그러나 작자는 부부의 도리가 부모를 위하는 효보다 앞선다고 여긴다.

애니 베어드는 다음과 같은 말('비필된 부부들과 쟝ᄎᆞᆺ 혼인ᄒᆞᆯ 남녀들에게 젼하ᄂᆞᆫ 말')로 경계를 하며 부부가 행할 덕목을 제시한다.

> 이 묘측은 부부둘이 다 서로 잇기고 서로 ᄉᆞ양ᄒᆞ며 피ᄎᆞ ᄌᆞ복ᄒᆞ야 용셔ᄒᆞ며 서로 ᄎᆞᆷ고 견듸ᄂᆞᆫ거시오 ᄯᅩ 지어미 된쟈ᄂᆞᆫ 그 지아비의 묘화하고 뮈워ᄒᆞᄂᆞᆫ거슬 알고 아ᄂᆞᆫ대로 제의 힝지거동과 집일을 잘 단쇽ᄒᆞᆯ거시오 지아비 된쟈도 지어미의게 졍의를 베프ᄂᆞᆫ것 밧긔ᄂᆞᆫ 그 ᄆᆞ음을 감동케ᄒᆞᆯ 권능이 업ᄂᆞᆫ줄 알터인듸 도로혀 지아비 된쟈ᄂᆞᆫ 제주머귀 힘만밋고 ᄯᅩ 지어미된이ᄂᆞᆫ 그지아비를 거ᄉᆞ리ᄂᆞᆫ것과 샹거가 얼마나 크리오 이 경계대로 힝ᄒᆞ면 부부가 후셰샹 락원에 드러가서 영원흔 복을 누릴ᄲᅮᆫ만 아니오 이류츄흔 셰샹에 잇슬ᄯᅥ라도 락원을 ᄆᆞᆫ들고 그 가온듸 잇슬수 잇스리니 불구에온 죠션나라에도 이ᄀᆞ흔 금슬지락으로 집집이 ᄎᆞ우기를 ᄇᆞ라노라(「부부의모본」 38쪽)

이것이 저자 애니 베어드가 조선사회에 전하고 싶었던 기독교의 혼인에 대한 생각이었다. 즉 그는 유교의 윤리가 삶과 죽음의 세계까지 지배하고 있던 조선사회에 낯선 기독교윤리를 이야기라는 그릇에 담아서 한국교회 초기 혼인관으로 확립하고자 했다.

---

40) 위의 책, 34쪽.

V. 한국교회 초기 혼인론 다시보기의 의의

20세기 후반과 21세기의 성(性)과 관련된 기독교 윤리학의 주제 중 가장 주목받지 못하는 것이 아마도 '혼인'에 관한 것일 것이다. '이혼', '성전환', '동성애', '양성애', '혼전순결', '혼외정사', '성매매', '포르노', '성과 매스 미디어' 등 이런 문제들에 비해 '혼인'의 문제는 뒷전에 밀려 있는 것 같다.

기독교인들에게 '혼인이란 하나님의 창조질서에 속하는 것이고 남자나 여자가 서로를 필요로 하면서, 또 서로를 주면서 돕는 배필(창2:18)이 되어 하나님의 뜻을 함께 이루며 하나님의 영광을 드러내는 것'41)이다. 또한 혼인을 통해 하나님 나라에 필요한 사람들을 출산하고 양육할 수 있으며 지상에 사는 남편과 아내가 결합하여 행복과 기쁨을 가질 수 있다. 무엇보다도 혼인은 상호보완적 인격의 형성을 통해 인간의 완성에 기여한다. 혼인은 사랑의 표현이다. 그렇기 때문에 기독교에 있어서 혼인은 생리적 욕구 충족수단이라기보다는 인격과 사랑이라는 맥락에서 이해된다. 혼인은 인격과 인격이 한 몸으로 만나는 것이다.42)

기독교인과 비기독교인의 이혼에 대한 의식조사를 한 한국갤럽사의 1999년 보고서에 의하면, 비기독교인은 43.1%가 기독교인은 35.9%가 경우에 따라서는 이혼할 수 있다는 견해를 보였다.43) 2005년 한신대 학술원 신학연구소 '현대 한국인의 문화의식 설문조사' 발표에 따르면 혼인의 당위성에 대한 물음에서 '꼭 해야 한다'가 35.1%, '가급적 하는 것

---

41) 총회예식서수정위원회 편, 『표준예식서』, 한국장로교출판사, 2001, 200쪽.
42) 문시영, 『기독교 윤리 이야기』, 한들, 1997, 135~136쪽.
43) 신원하, 『교회가 꼭 대답해야 할 윤리 문제들』, 예영커뮤니케이션, 2001, 47쪽.

이 낮다'가 37.8%, '꼭해야 할 필요가 없다'가 27.1%로 조사됐다. 기독교인은 '꼭 해야 한다'가 43.7%, '꼭 해야 할 필요는 없다'가 20.2%로 결혼이 필요하다고 답한 사람이 일반인보다 많은 것으로 나타났다.[44] 위와 같은 통계에 의하면 기독교인이라고 하여 특별히 다른 것이 없다. 현재 한국사회는 혼인에 대한 전통적 개념은 무너져 가고, 그 이해는 점점 그 구속력을 상실해 가고 있다. 이러한 때에 기독교 윤리학계가 다시금 주목해야 할 문제가 혼인에 관한 것이 아닐까 한다.

한국교회 초기부터 고민한 문제들 가운데 혼인에 관한 것은 큰 비중을 차지했다. 그리고 자아정체성을 형성하고 세계관을 고취하며 구습에서 벗어나는 데 가장 영향력을 발휘할 수 있는 것이 혼인문제이다. 그런 고민의 흔적이 가장 잘 드러난 것이 애니 베어드의 *Two Short Stories*『고영규젼(高永規傳)』이다. 애니 베어드는 당시 사회의 혼인과 관련된 문제들을 "관찰된 역사"에 머무르지 않고 "경험된 역사"의 차원까지 이끌어 냈다. 그는 동시대인과 앞으로 다가올 세대에게 이 이야기를 통해서 인생의 목적, 기독교인이 된다는 것, 기독교인의 부부관, 이상적 가정에 대해 바로 인식하고 실천하기를 요청하고 있다.

---

44) 김영빈, 「기독교인, 교회보다 사회에 더 영향받아」, 『크리스천투데이』, 2005.5.7. https://www.christiantoday.co.kr/news/155110 2020.12.08. 03:18 접속.

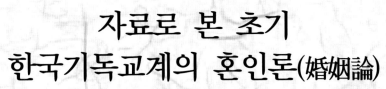

자료로 본 초기
한국기독교계의 혼인론(婚姻論)
-『혼인론』(1914)과 『교인의 혼례론』(1922)

박혜미

자료로 본 초기 한국기독교계의 혼인론(婚姻論)
– 『혼인론』(1914)과 『교인의 혼례론』(1922)

Ⅰ. 들어가며

19세기 조선에 전파된 기독교는 한국사회에서 다양한 갈등과 충돌을 겪는 동시에 근대 민족국가 건설을 위한 개화개혁의 새로운 장을 열어간 하나의 사회적 세력으로 부상하였다. 기독교는 유교적 가부장제로 얽혀진 혼인 관습을 타파하고 서구의 근대적인 혼인 제도와 '하나님의 질서'인 성경적 혼인 담론을 제시하고자 했다.[1] 문명개화론의 입장에서 조선의 혼인 악습에 대해 비판하는 지식인층의 목소리도 있었으나[2] 기독교는 문명개화론의 시선에서 성경의 논리에 주로 근거하여

---

[1] 김미영, 「1920년대 신여성과 기독교의 연관성에 관한 고찰」, 『현대소설연구』 21, 한국현대소설학회, 2004, 69쪽.

악습 타파의 당위성을 주장하였다.

본 글에서는 숭실대학교 한국기독교박물관 소장 초기 기독교 자료 가운데 조선의 혼인 풍속에 대해 기독교적 관점에서 비판한 두 자료를 선별하여 해제하였다. 해제의 특성상 해당 자료를 주된 분석 대상으로 삼고, 필요시 당대의 사회적 맥락에 따른 혼인 관습과 혼인관 등을 조망하고자 한다.

Ⅱ. 『혼인론』

『혼인론』은 1914년 평양 야소교서원(耶蘇敎書院)에서 발행, 광명서원 (光明書觀)에서 인쇄한 개신교 신앙교리서이다. 크기는 18.0cm×12.8cm, 총 면수는 18면이며 띄어쓰기가 되어있지 않은 세로쓰기의 한글로 구성되어있다.〈그림 1〉

저자 한승곤(1811-1947)은 목사이면서 독립운동가로 활동한 인물이다.[3] 평양 숭실중학을 졸업하고 평양장로회신학교에 재학 중이던 그는 1906년 평양성 내 산정현에 설립된 산정현교회의 조사로 선정되어 활동하다가 1908년 1월 장로로 장립되었다. 장로회신학교를 졸업한 해인 1913년 1월 동(同) 교회 목사로 선임되어 미국으로 이주하는 1916년 3월 11일까지 시무하였다.[4] 미국으로 이주한 후 LA와 시카고 등지의 한인

---

[2] 「셰샹에 불샹흔 인싱은 죠션 녀편네니 우리가 오늘날 이불샹흔 녀편네들을 위ㅎ 야」, 『독립신문』, 1896.4.21; 「남녀 간에 혼인이라 ㅎ는것은 평싱에 큰 관계가 잇는 일」, 『독립신문』, 1898.2.12; 「혼인론 대개 혼인은 인륜의 대ᄉ라」, 『독립신문』, 1899.7.20.

[3] 저자는 성경을 체계적으로 연구·정리한 『성신충만』, 조선야소교서회, 1910; 『신약전서대지』, 광명서관, 1910 등을 저술한 바 있다.

〈그림 1〉 혼인론

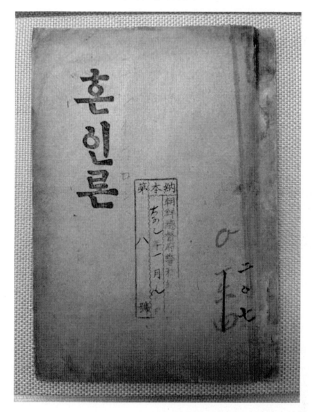

출처: 〈숭실대학교 한국기독교박물관 소장〉

교회에서 목회활동을 하는 한편 1919년부터 미국 흥사단(興士團) 본부
의사장(議事長)에 선임되면서 구미지역의 항일독립운동에 참여하였다.
1936년 귀국하여 수양동우회에서 독립운동을 추진하다 체포되어 옥고
를 치른 바 있다.[5]

4) 「평양산정현 교회사기」, 산정현교회 홈페이지(http://www.sanjunghyun.kr/).
5) 독립운동의 공적을 인정받아 대한민국 정부로부터 2003년 애족장을 추서받았다.

한승곤은 산정현교회 재직 당시인 1914년 『혼인론』을 저술하였다. 19세기부터 교회 내에서도 끊임없는 쟁점으로 부각되었던 조선의 혼인 풍습에 대해 기독교적 관점에서 비판하고 성경에서 말하는 '올바른' 혼인이 무엇인지 주장하고 있다. 저자는 서문에서 우리나라 풍속 가운데 혼인 풍속과 습관을 속히 개량해야 함을 지적하면서 기독교인 독자층을 대상으로 하여 이 책을 저술하였음을 밝히고 있다.

대저 혼인이라 하는 것은 인류 중에 가장 중대한 부부의 인륜이니 부부가 있을 후에야 부자형제군신이 있을 것이라. 그러나 우리나라 형편을 생각하면 당초에 부부의 인륜이 그같이 중대한 줄 모르고 혼인하는 것을 한갓 좋은 경사로만 알고(중략) 어떤 이는 칠팔세, 십여세 된 어린 아들을 이십여세 된 처녀에게 장가 보내는 일도 있고 어떤 이는 팔구세 된 어린 딸을 이삽십세 된 데릴사위에게 주는 이도 있고 어떤 이는 딸이 칠팔세 십여세 되면 종 모양으로 짐승 모양으로 돈을 많이 받고 파노라고 신랑된 사람이 악하든 상관치 않는 이도 있고 혼인하는 것을 신랑과 신부는 알지도 못하게 부모의 마음대로 함부로 하는 도다(중략) 필경은 자식들로 망가지는도록 만들어놓고 늘그막에 그 자식들을 인하여 집안이 결난다고 밤낮 눈물과 한숨으로 세월을 보내다가 죽는 이도 많으니 어찌 슬프지 아니하며 불쌍하지 아니하리오. 그 중에 감사한 것은 우리 믿는 사람은 하나님의 은혜로 참 이치를 깨달아 악한 풍속을 버리고 선하고 옳은 이치를 좇게 되었으니 무한 감사하외다. 주님의 도가 우리나라에 들어온지 수십여년에 믿는 자는 참이치를 따라 전에 행하던 악한 습관을 버리고 혼인도 좋은 법대로 하여 좋은 부부도 점점 많아가고 가정에 새로운 복락이 돌아온 지도 많고 자녀를 잘 교육하여 좋은 청년도 많아가니 어찌 감사한지 말할 수 없도다 그러나 어떤 교우는 아직도 구습을 버리지 못하고 잠을 깨지 못하야 조혼하는 이도 있고 믿지 않는 사람과 혼인하는 이도 있고 혼인에 돈을 주고 받는 이도 있도다 근년에 책벌 받는 교우 중에 혼인 일로 책벌받는 이가 많고 낙심된 교우 중에 혼인 잘못하여 낙심하는 이가 많고 출학받는 학도 중에 혼인 일로 출학받는 이가 많도다 그런 고로 내가 우리나라 동포와 교우 형제 자매들을 도와주고자 하는 마음으로 성경의 뜻에 의지하고 제 의견을 붙여 혼인론이라 하는 책을 한권 편집하였사오니 구하여 보시고 성경 뜻과 참 이치에 합하는 것은 지키시고 제 의견으로 말한 중에도 합당한 것은 채용하시어 가정과 교회에 좋은 복락이 임하기를 간절히 바라나이다.

즉, 혼인은 인륜 중에 가장 중대한 부부의 인륜이니 부부가 있을 후에야 부자형제군신이 있다고 하며 혼인의 중요성에 대해 강조하였다. 진실하고 지혜로운 좋은 부부는 그 집안의 화평한 질서를 만들어 무궁한 복락을 얻을 것이며 그들의 자녀도 좋은 교육을 받고 자라나 은혜를 끼치며 좋은 사업을 성취할 것인데 조선 사람들은 당초에 부부의 인륜이 그같이 중대한 줄 모르고 혼인하는 것을 한갓 좋은 경사로만 알고 아이들이 장난하는 것처럼 함부로 혼사하는 경우가 많다고 비판하였다. 특히 기독교의 복음이 조선에 들어온 이후에도 많은 신자들이 구습을 버리지 못하고 조혼을 하거나 믿지 않는 사람과 혼인하거나 혹은 매매혼을 하는 자가 있어 책벌 받거나 낙심하는 교우가 많음을 개탄하였다.

이에 우리나라 동포와 교우형제자매들을 도와주려는 마음으로 혼인에 대한 성경의 교훈을 근거하고 저자 자신의 의견을 붙여 이 책을 발행한다고 밝히며 성경의 뜻과 참 이치에 합하는 것을 지키고 저자의 의견으로 말한 것 중에도 합당한 것은 채용하길 바란다고 당부하고 있다.

본문은 조선 혼인풍습의 폐해와 그것을 타파하는 올바른 지침을 총 다섯 장으로 구성하여 설명하고 있다. 제1장 '믿는 사람과 혼인할 것', 제2장 '나이 장성한 후에 혼인할 것', 제3장 '혼인할 때 돈을 주고받지 말 것', 제4장 '부모가 자식의 혼인을 인도하는 것이 좋으나 자식의 원치 않는 것을 억지로 하지 말 것', 제5장 '과부와 홀아비가 다시 장가가고 시집갈 때 혼례를 신중히 할 것' 등 총 다섯 장으로 제시하고 있다.

먼저 제1장 '믿는 사람과 혼인할 것'에서는 혼인의 제1원칙으로 이른 바 '교중혼'인 교인간의 결혼을 내세우며 불신자와의 결혼을 철저히 경계하였다. 본문의 총 면수 14면 중 절반인 7면을 할애하여 상술한 만큼 저자가 가장 강조한 부분이라고 할 수 있다. 1904년 장로교회는 신자가 불신자와 결혼하는 것을 '죄'로 규정하였다. 저자 역시 불신자와의 결혼은 신자 개인의 신앙은 물론 집안과 교회를 오염시키고 자손까지 불행해질 수 있는 죄악의 씨앗이라고 규정하면서 다음과 같이 네 가지 이유를 들어 불신자와의 혼인을 금지하였다.

첫째, 믿지 않는 사람과 혼인하는 것은 성경 말씀에 어그러지는 것이기 때문이다. 고린도전서 7장 39절, 고린도후서 6장 14절, 마가복음 10장 8절 등 성경 구절을 인용하여 불신자와의 혼인은 교리 상 합당하지 않다고 못을 박았다. 혹 교인 중에 성경 말씀을 깊이 깨닫지 못하여 잘못된 해석을 내려 불신자와 혼인하는 '범죄'를 저지르는 이도 있음을 언급하며 안타깝게 여기기도 했다.

둘째, 믿는 사람이 믿지 않는 사람과 혼인하게 되면 둘 다 믿음을 잃기 쉽기 때문이라 하였다. 교인이 불신자와 혼인할 때에는 이미 믿음이 실족하기 시작한 것이고, 교회에서 책벌을 당하여 부끄러운 마음도 생길 뿐더러 불신자인 아내나 남편의 말에 귀를 기울이다가 주님의 손목을 놓치고 낙심되기 쉽다고 하였다. 또 '딸은 믿지 않는 집에 보낼 것 아니로되 며느리는 믿지 않는 자라도 관계치 않는 것은 시집 온 후에 믿게 할 수가 있다'고 한 어떤 사람을 예로 들며 예수를 믿게 하는 것은 '성신께서 그 마음을 감동하시고 그 사람이 자기 마음의 자유로 성신의 감동함을 순종하여야 믿는 것이니 사람의 힘으로 억지로 예수를 믿게 할 수는 결단코 없다'고 말하였다. 혹 억지로라도 한동안 회당에는 다니게 할 수 있으나 믿는 마음이 없이 회당에만 다니는 것이 유익이 별로 없을 것이고, 혹 잘못하면 교회를 더럽히는 일도 생기기 쉽다고 지적하였다.

셋째, 믿지 않는 자와 혼인하면 집안이 항상 불화하여 패망하기 쉽기 때문이라 하였다. 교인은 하나님의 도에 따라 사는 정결한 사람이고, 불신자는 세상 정욕 가운데 사는 이방인이기 때문에 불신자와 혼인하게 되면 집안을 원망과 시비로 불화하게 만들기 쉽다고 주장하였다. 한 사람이 먼저 죽는 바람에 한동안 죽은 송장을 지고 다녀야 했던 등이 맞붙은 쌍둥이를 예로 들어, 죽은 사람을 불신자에, 송장을 지고 다닌 사람을 교인에 비유하였다. '믿지 않는 사람은 육신은 살았으나 영혼은 죽은 사람이니 믿는 사람이 믿지 않는 아내와 사는 형편이 매우 참혹하고 불쌍하도다 믿지 않는 사람은 항상 송장 냄새를 풍기고 해롭게만' 하므로 죄의 짐을 자처해서는 안 된다고 하며 불신자와의 결혼을 극도로 경계하였다.

넷째, 믿지 않는 자와 혼인을 하면 자손에게까지 재앙이 미칠 것이라고 경고하였다. 저자는 '하나님을 미워하는 자에게는 아비의 죄를 자손에게 주어 삼사 대까지 이르게 하고 계명을 지키는 자에게는 은혜를 베풀어 수천 대까지 이르게 하리라'는 십계명의 제2계명과 '믿지 않는 아내나 남편이 감화함을 받아 믿지 아니하면 너희 자녀가 깨끗지 못하리라'라는 고린도전서 7장 14절을 인용하여 혼인은 특별히 자손에게까지 재앙이나 은혜를 미칠 수 있는 중대한 것임을 거듭 강조하였다.

2장 '나이 장성한 후에 혼인할 것'에서는 조선의 뿌리 깊은 결혼 풍습이 '조혼'에 대해 다음과 같은 이유를 들어 강도 높게 비판하였다. 첫째, 성경에 근거하여 조혼은 반기독교적인 악습이기 때문이다. 7~10세의 어린 자녀를 혼인시키는 것은 혼인에 대한 귀중한 이치를 깨닫지 못한 괴악한 혼인 풍속이라고 강도 높게 비판하며 고린도전서 7장 36절, 마태복음 10장 9절, 히브리서 13장 4절을 근거로 육체와 정신이 장성한 후에야 혼인하는 것이 성경의 이치에 합당하다고 하였다.

둘째, 조혼은 다른 죄를 범하게 될 빌미를 제공하기 때문이다. 조혼을 하게 되면 아내가 남편을 버리고 남편이 아내를 버리는 죄를 범할 가능성이 높다고 하였다. 조혼은 대개 당사자가 아닌 부모의 주장에 따라 어떤 사람인지 알지도 못하고 혼인하는 경우가 대부분이기 때문에 '남편을 괄시하여 버리기도 하고 남편이 아내를 미워하여 버리는 일도 있고 어떤 남편은 첩을 두는 일도 있고 어떤 아내는 남편과 살기 싫어 도망하는 일도 있고 심지어 어떤 아내는 그 남편을 극히 미워하여 죽이기를 계획하다가 탄로나 징역간 자'도 더러 있다고 하였다. 1933년 남편 살해범의 83.3%가 16세 이전에 결혼한 어린 신부였다는 통계를 보더라도 조혼의 폐단이 드러난다.[6] 어린 신부들은 조혼으로 벌어지는 각종 피해로 인하여 결국 살인과 방화 등의 극단적인 범죄를 저지르거나 최후의 수단으로 자살을 했다. 즉 저자는 조혼으로 인해 부부가 서로를 미워하거나, 축첩을 저지르고, 때로는 극단적인 범죄까지 벌어지고 일이 많다고 탄식하며, '간음한 연고 외에는 아내를 버리지 말라'는 예수의 교훈에 따라 혼인은 장성한 후에 합당하고 조심스럽

---

6) 이숙진, 「초기 기독교의 혼인담론－조혼, 축첩, 자유연애를 중심으로」, 『한국기독교와 역사』 32, 한국기독교역사연구소, 2010, 38쪽.

게 해야 한다고 강조하였다.

셋째, 조혼은 부부의 육신과 영혼을 망가뜨릴 수 있기 때문이다. 장성하기 전 부부가 되면 육체와 정신이 쇠약하여질 뿐만 아니라 공부를 해야 하는 시기를 놓쳐 사람 구실을 제대로 못 할 가능성이 높다고 우려하였다.

넷째, 장성하기 전에 낳은 자식은 육체가 약하고 불완전하기 쉽기 때문에 자손에게 큰 화가 된다고 경고하였다. 조혼한 사람의 자식은 몸도 약하고 앓기도 잘하고 죽기도 잘하고 고상한 정신을 가지고 하는 사업 같은 것도 잘 못하기 쉬우며, 그 부모 역시 미성숙하고 지각이 없을 때에 자식을 낳았기 때문에 자녀를 제대로 양육하지 못한다고 하였다. 따라서 교인들은 장로교 총회에서 결정한 혼인 연령, 즉 남자 만 17세와 여자 만 16세를 지켜 혼인할 것을 당부하였다.

이처럼 저자는 조혼은 하나님의 질서를 거스르며 인간의 몸과 마음, 정신을 훼손시키는 폐습이라고 하며 신앙과 성경에 근거하여 비판의 날을 세우고 있다. 또한 한편으로는 '문명한 서양 각국의 인종이 장대하고 기골이 충실한 것은 장성한 후에 혼인을 하기 때문이고, 조선의 인종이 미약한 것은 혼인을 너무 일찍 하기 때문이다'라고 한 서술을 볼 수 있듯 당대 서구에서 유행하던 우생학적 지식에서 '전근대적'이고 '야만적'인 조혼 풍습을 비판하는 근거를 찾기도 했다.[7]

제3장 '혼인할 때 돈을 주고받지 말 것'에서는 매매혼의 폐해에 대해 지적하였다. 혼인은 두 사람이 서로 원하고 의지하여 백년해로 하려는 일인데 종이나 짐승을 사고파는 것처럼 돈을 주고 혼인하는 것은 이치

---

[7] 이숙진, 위의 논문.

에 크게 합당하지 못한 어리석은 행위라고 비판하였다. 또 남자가 돈을 주고 여자를 사왔을 경우, 아내를 동등하게 여기지 않고 '밤낮 부리고 압제할 생각이 있을 수밖에 없고 아내가 조금만 잘못하든지 자기 마음대로 아니하면 몽둥이로 때리며 욕하고 죽이리 살리니' 할 뿐만 아니라 시부모도 돈을 주고 며느리를 맞은 후에 '며느리를 종처럼 부리고 밤낮 욕하고 때리고 학대 하는 이'도 있으니 이는 매우 악한 풍습이라고 질책하였다.

제4장 '부모가 자식의 혼인을 인도하는 것이 좋으나 자식의 원치 않는 것을 억지로 하지 말 것'에서는 부모가 자식의 혼인을 지나치게 강제하거나 방임하는 것을 경계하며 지혜롭게 자녀의 혼인을 인도해야 한다고 하였다. 즉 부모가 방임하게 되면 혈기 왕성하고 미성숙한 젊은 자녀가 자유혼인 풍속을 좇아 은밀히 교제하다가 실수하는 일이 있기 쉽고, 부모가 너무 엄하여 자녀가 원치 않는 혼인을 시키게 되면 그 부부가 불합하여 아내를 버리는 일과 남편을 버리는 일이 쉬울 수 있으니 부모는 자녀의 혼인을 잘 인도해야 한다는 것이다.

제5장에서는 당대 교계에서 크게 주목하지 않았던 과부와 홀아비의 재혼에 관해 다루고 있다. 과부와 홀아비가 재혼을 할 때에 혼례를 신중히 할 것을 당부하였다. 고린도전서 7장 39절과 디모데전서 5장 14절에 따라, 과부와 홀아비의 재혼은 성경 이치에 합당한 좋은 일이긴 하나, 조선에서는 과부와 홀아비가 혼인할 때 예도 갖추지 않고 그저 함께 모여 사는 것을 풍속으로 삼고 있음을 비판하였다. 과부와 홀아비가 재혼할 때 신중한 예와 확실한 맹세가 있지 않으면 '무례하고 음란에 가까운 것이오, 또 가볍게 한 혼인은 이혼하게 되기도 쉽고 인륜과 풍속을 크게 문란하게 하는 것이니' 교인들은 재혼할 때라도 성례하고

신중하게 해야 한다고 말하였다. 이같이 과부와 홀아비가 재혼할 때는 "혼례"를 신중히 해야 한다는 견해는 교계에서 미처 다루지 못했던 것으로, 저자의 사려 깊은 인식을 엿볼 수 있는 부분이다.

이상에서 살펴본 바와 같이 불신자와 결혼 불가, 조혼 및 매매혼 금지 등 저자가 제시한 혼인담론은 1900년대 혼인 문제에 대한 한국 장로교회의 입장과 일치한다. 즉, 1901년 조선예수교장로회공의회에서 "교인혼인을 如何케 할 문제"를 두고 토론을 벌인 이래 혼인 문제를 둘러싼 고민을 계속하였고, 1904년 마침내 '불합당하게 결혼해서 사는 사람에게는 당회가 세례를 주지 않을 것', '음행 이외의 이유로 이혼하면 당회는 그 사람에게 벌을 줄 것', '신자가 불신자와 결혼하는 것은 죄로 정함' 등과 같은 대략적인 혼인 원칙을 정하였다. 또한 1906년 12월에는 경상남도 지역의 영수·집사·조사·전도인 등이 모인 제직회에서 혼인 문제에 대해 보다 구체적인 원칙을 정했는데, 그 내용 역시 본 자료의 내용과 상당부분 일치한다.[8] 1914년 총회에서 새로운 원칙을 더 정하였는데 그 가운데 남자는 만 17세, 여자는 만 15세 이상이 되어야 혼인할 수 있다는 공식적인 원칙을 세워 조혼의 폐해를 막고자 하였다.[9]

---

[8] 제직회에서 결정한 원칙은 다음과 같다. '①은 안 믿는 자와 결혼 못할 일이오, ②는 남녀성혼을 나이 차기 전에 미리 정혼하여 두는 풍속을 폐할 일이오, ③은 혼사를 부모가 주장하나 자식의 마음에 원치 않는 것을 억지로 못할 일이오, ④는 처녀 16세 남자 18세에 성혼하는 것을 금치는 아니하나 2~3세 더 기다려 하는 것을 교회서 아름답다 할 일이오, ⑤는 세례 받는 처녀가 세례 안 받은 남자와 결혼치 못할 일이오, ⑥은 선급돈을 금할 일이오, ⑦은 결혼서를 한본으로 두 장을 쓰고 주혼자와 증인의 성명·도장을 박아 피차 나누어 가질 일이오(이하 생략)' 한규무, 「초기 한국장로교회의 결혼 문제 인식(1890~1940)」, 『한국기독교와역사』 10, 1999, 75쪽; 숭실대학교, 『(한국기독교박물관 소장) 기독교 자료해제』, 2007, 238쪽.

[9] 한규무, 위의 논문, 71~79쪽.

이처럼 본 자료는 기독교인들을 대상으로 조선의 혼인 악습이 가져올 수 있는 불행과 폐해에 대해 경고하고 기독교적 혼인 윤리를 구축하기 위한 목적에서 편찬되었다고 할 수 있다.

Ⅲ. 『교인의 혼례론』(영문 서명 *Christian Marriage*)

『교인의 혼례론』은 1922년 조선야소교서회에서 발행하고 계문사(啓文社)에서 인쇄한 혼인 교리서로, 분량 총 24면, 크기 16.9×10.1, 띄어쓰기 된 세로읽기의 한글 문서이다〈그림 2〉.

저자는 미북장로회 의료 선교사인 로스(Cyril Ross, 한국명 盧世永, 1868~1963) 선교사로, 1897년 내한하여 부산과 대구 등지에서 활동하다가 1903년 평북 선천 선교부로 부임하였다. 선천남자성경학교 교장으로 재직하면서 신성학교 설립에 참여하였고, 1912년 초대 평북노회장에 취임하여 평북 지역 선교에 공헌하였으며, 1930년대에는 성서개역위원으로 한글성서의 개역 작업에 참여하기도 했다.[10]

이 자료는 저자가 선천을 중심으로 평북 지역에서 선교활동을 한 시기에 저술한 것으로, 먼저 혼인과 관련된 성구를 근거로 혼인에 대한 정의를 내린 후, 온전한 혼인을 하기 위한 방책으로 '혼인은 누구 앞에 할 것인가?', '혼인을 누구 위하여 할 것인가?' 등의 주제를 논하는 방식으로 구성되어 있다.

저자는 조선에서 20년 넘게 거주하면서 자신이 겪었던 여러 가지 경

---

10) Bible Portal World Bible Resources(http://bibleportal.co.kr/) : 「이 주일의 역사 로스 선교사」, 『기독신문』, 2009.11.22.

〈그림 2〉『교인의 혼례론』

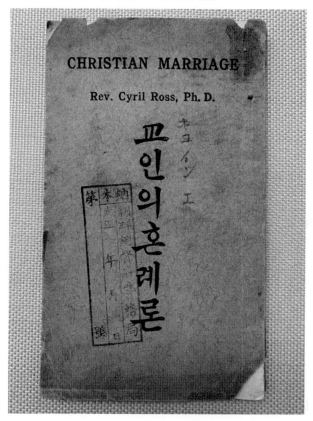

〈그림 2〉『교인의 혼례론』

출처: 〈숭실대학교 한국기독교박물관 소장〉

험을 인용하면서 혼인에 대한 잘못된 인식과 관습으로 인해 교회와 나라에 끼치는 해가 많다고 비판하며 이에 기독교적 방책을 제시하고자 이 책을 저술하였다고 밝히고 있다.

먼저 저자는 혼인에 대해 다음과 같이 정의하였다. 첫째, 혼인은 정결한 것이다. 이는 곧 창세기 2장 18~25절에서 증거한 것처럼 여호와가

에덴동산에 가정을 세우셨다는 것과 또한 예수께서 가나안 혼인예식에 참예한 것, 그리고 교회를 신랑과 신부로 비유하여 가르치신 것을 통해 보면 혼인은 정결한 것임을 알 수 있다고 하였다. 둘째, 히브리서 13장에 따라 혼인은 귀한 것이다. 따라서 혼인하지 않고 간음하고 음행하는 것은 곧 죄가 되는데, 남편이 아내를 귀히 여기지 않으면 간음하기 쉽다고 하였다. 셋째, 에베소서 5장 25~33절에 따라 혼인은 사랑으로 하는 것이라고 하였다. '아내는 남편에게 순복하라'는 성경 구절은 남편이 아내를 동등한 존재로서 사랑해야 한다는 뜻이 포함되어 있다고 해석하였다. 이는 하나님께서 여인을 지을 때에 남자의 머리나 발에 있는 뼈를 취하여 지은 것이 아니고 갈비뼈를 취하여 지었으니 바로 남자와 여자를 동등하게 만든 증거라고 하였다.

이어서 문명하지 못한 터키나 아라비아의 이슬람교 등 이방 종교는 여인을 종과 같이 여겨 첩을 많이 두고 있음을 지적하며 조선의 축첩 문화를 비판하였다. 여자를 천하게 여기는 나라의 풍속을 보면 아들을 낳으면 기뻐하고 딸을 낳으면 섭섭하게 여기는데 이는 매우 부족한 생각이라고 하였다. 또한 남편이 자기 아내를 사랑하지 않음은 당연하게 여기면서도 아내가 남편을 순종하지 않으면 부족하게 여기는 것도 합당하지 일이라고 하였다.

넷째, 잠언 18장 22절, 사도행전 18장 2~3절, 로마서 16장 3절을 근거로 혼인은 복된 것이라고 하였다. 다섯째, 마태복음 19장 6~7절, 로마서 7장 2~3절에 따라 혼인한 후에는 이혼을 어렵게 생각해야 한다고 하였다. 이혼은 오직 배우자가 간음을 범한 경우에만 할 수 있다는 성구를 언급하면서도 간음죄를 대하는 조선인의 이중적인 태도를 지적하기도 하였다. 즉 저자는 한국에서 20년간 지내는 동안 경험한 바, 남편이 失

行한 아내를 버리는 경우는 많이 보았으나 아내가 실수한 남편을 버리는 경우는 별로 보지 못했다고 하면서, '여인이 범한즉 죄라 하되 남자가 범하면 실수라고만' 하는 것은 불신자들의 생각일 뿐이라고 비판하였다. 여호와께서 보실 때에 간음한 죄에 남녀의 분간이 없이 똑같이 여기신다는 점을 들어 아내 역시 남편이 간음을 범하면 그 남편에게서 떠날 자유가 있다고 말하였다.

이상에서 살펴본 것처럼 저자는 성경에 근거하여 혼인을 정의하는 한편, 전근대적인 풍토의 사회 분위기 속에서 상대적으로 낮은 위치에 있는 여성을 구체적으로 언급하고, 여성에 대한 사회적 인식, 나아가 여성 스스로 자신에 대한 인식을 변화시킬 것을 촉구하기도 했다. 다시 말해 성경을 근거로 하여 남자와 여자는 동등한 존재이며, 성경이 가리키는 조건 하에 아내 역시 남편을 떠날 자유를 가졌다고 한 것이다. 이 같은 서술은 1920년대 한국기독교계가 가지고 있던 일반적인 인식보다 진일보한 것이라고 평가할 수 있으며, 아내에게도 이혼청구권을 부여하기 시작한 민법(1923년 개정)보다 앞서 제기된 문제의식이라고 할 수 있다.[11]

한편 '혼인'을 할 수 있는 방책에 대해 다음과 같이 크게 두 가지 주제로 나누어 제시하였다. 첫 번째 주제인 '혼인은 누구 앞에서 할 것인가?'라는 물음에 하나님과 사람, 그리고 신랑·신부 서로 앞에 해야 하

---

[11] 1920년대에 접어들면서 기독교계는 혼인윤리 영역에서 자유연애와 이혼의 증가라는 새로운 도전에 처하게 되었다. 『기독신보』 등을 필두로 한 기독교계에서는 기독교인들의 이혼 증가 현상에 대해 심각한 우려를 표하면서, 높은 이혼의 원인을 조혼과 자유연애에서 찾았다. 또한 '그리스도 신자들은 가정의 헌법인 사랑을 철저히 지키어 비록 이상에 맞지 않더라도 무너져가는 가정 윤리를 다시 세워'야 한다고 주장하며 이혼의 절대금지와 같은 보수적인 담론을 확대해 나갔다. 이숙진, 앞의 논문, 52~53쪽.

는 거룩한 약조라고 말하였다.

두 번째 주제인 '혼인은 누구 위하여 할 것인가?'에 대해서는 보다 자세하고 구체적으로 논하였다. 먼저 혼인은 누군가를 위하여 하는 것이 아니라고 하였다. 종종 조부모가 손자의 혼인을 종용하는 경우가 있는데, 곧 죽을지도 모르는 노인이 손자의 혼인을 주장하는 것은 합당하지 않고, 더욱이 손자가 나이가 차기 전에 혼인을 강제하는 것은 더욱 옳지 못하다고 하였다.

혼인은 부모를 위하여 하는 것도 아니라고 하였다. 부모는 보통 자녀보다 20년 정도 빨리 죽는 것이 일반적인데, 잠깐 동안 함께 지낼 부모의 유익만을 위해 혼인시키는 것은 그릇된 일이라고 하였다. 어떤 사람은 집에 일꾼이 부족하다는 이유로, 열두 살 된 어린 자녀를 혼인시킨 사례를 들어 이는 자녀의 장래는 조금도 생각하지 않고 부모의 이익만을 생각하여 며느리를 일꾼으로 여기는 것이라고 비판하였다. 이 외에 혼인을 함부로 강요하는 친척이나 이웃사람, 중매가 등도 경계하였다. 특히 신랑과 신부의 나이는 고려하지 않을 뿐 아니라 서로 얼굴을 보기도 전에 혼인을 강권하는 중매가의 행위는 신랑과 신부의 장래를 그릇되게 하는 불의한 일이라고 강도 높게 비판하였다.

그러면서 저자는 혼인은 과연 누구를 위하여 해야 하는지에 대해 논하였다. 첫째, 마태복음 6장 33절 말씀에 따라 혼인은 하나님의 영광을 위하여 할 것이니 먼저 하나님의 나라와 그 의를 구할 것이며 바울이 하나님 영광을 위하여 더 전도하려고 장가가지 아니한 것 같이 신자들은 하나님께 영광이 되는 합당한 혼인인지 생각해야 한다고 하였다.

둘째, 혼인은 부모나 친척, 이웃사람 등 다른 사람들은 상관없이 오직 신랑 신부 스스로를 위해 해야 한다고 하였다. 특히 혼인의 당사자인 신랑 신부가 각각 서로를 알지 못하고 혼인하는 경우가 많은데 이는 매우 위태로운 일이며 속히 개량해야 하는 풍속이라고 비판하며 '남자가 알지 못하는 여자와 결혼하는 경우'와, '여자가 알지 못하는 남자와 결혼하는 경우'에 대해 각각 다음과 같이 논하였다.

남자가 알지 못하는 여자에게 장가가는 것이 얼마나 위태한 일인지 잠깐 생각하고자 한다. (중략) 곧 다시 말하면 성명과 주소와 나이까지 알지 못하고 중매쟁이에게 가르침을 받아 혼인하는 것이 합당하냐 함이라(중략) 혼인은 육신만 상관되는 것이 아니라 신혼(정신과 영혼)이 다 상관되는 것이며 또 사진만 보고 혼인하는 것은 매우 어리석은 일이니 가령 어떤 병인이 병원에는 가지 않고 사진을 찍어 보내며 의사더러 이 사진을 보고 '내 병에 합당한 약을 보내주시오' 하면 어찌 될 수 있겠는가 또 사진 뿐 아니라 피차에 얼굴이라도 잠깐만 보면 어떠한 사람인지 잘 알 수 없지 않겠는가? 사람들이 소나 말이나 사려고 할 때에는 여러 사람이 가서 자세히 보고 어떠한 형편을 알려고 하나 죽기까지 함께할 자기 아내 될 사람을 어찌하여 소와 말만큼도 상관없이 생각하는지요. (중략) 석유등 같이 극히 미천한 물건이라도 잘 살펴 본 후에야 사는데 하물며 남편이 아내에게나 아내가 남편에게 대하야 전에 어떠한 사람인지 친히 알고자 하는 마음이 어찌 없으리오?

요컨대 혼인은 육신만 상관되는 것이 아니라 정신과 영혼까지 연결되는 것인데 중매가의 강권에 따라, 혹은 사진만 보고 혼인하는 것은 매우 어리석은 일이라고 하였다. 필자는 사람들이 소나 말과 같은 가축이나 석유등 같은 작은 물건도 잘 알아보고 살핀 후에야 사면서도 평생 함께 할 아내에 대해서는 그만큼도 생각하지 않고 혼인하는 풍습에 의문을 제기하였다. 그러면서 남자는 혼인하기 전에 아내 될 사람과 그 집안에 대해 신중하게 알아보아야 할 부분을 다음과 같이 가르치고 있다.

　혼인하기 전에 신부될 사람의 몇 가지 알 것이 있으니 첫째는 신부될 사
람이 교인인지 또 교인이라도 참 교인인지 알아 볼 것이며 또 집안과 부모
가 다 잘 믿는지 먼저 알 것이며 둘째는 건강한 힘이 있는지 병신인지 알
것이니 병신이면 장가나 시집을 가지말라는 것은 아니나 병신이라도 갈 마
음 있으면 먼저 그 형편을 알아야 될 것이며 셋째는 학식을 알 것이니 신부
될 사람이 집에서 무엇을 배웠는지 또는 의복과 음식이며 모든 일을 잘하는
것과 시부모 없어도 잘 할는지 잘 알아 볼 것이며 만일 집에서 친어머니가
아무것도 가르치지 않고 시집만 보내면 시가에 가서 욕 받기 쉬우며 또 이
로 인하여 조선 가정이 합일치 못하는 형편도 많으며 시모와 며느리 사이에
싸움이 없지 않습니다. 또 시모가 과히 며느리를 압제하면 어떤 사람은 독
약을 먹든지 물에 빠지든지 하여 자살하는 형편도 있으니 이는 합당치 못하
며 늘 욕만 먹고 살아갈 재미가 없음이라 몇해 전에 어떤 목사가 기자더러
나는 목사 직분을 좀 사면하면 좋겠다고 하여 그 이유를 물으니 대답하기를
우리집에서 어머니와 내 아내와 불합하는 일이 있으니 내가 부끄러워서 살
수 없다 하기에 기자가 그 목사에게 권하기를 아내는 참 주인인데 어머니를
잘 대접하여도 계실 마음이 없으면 따로 사는 것도 합당한 일이니 생각건대
우리 믿는 자가 부모를 믿지 않는 자보다 잘 공경하되 아내를 덜 귀히 여김
은 옳지 않으니 그런고로 에베소 5장 31~33절 가운데 보면 사람이 부모를
떠나 아내와 남편이 한 몸이 되나니 각각 사랑하기를 자기의 몸같이 하라
하였은즉 조금도 떠날 수 없다 하였습니다. 넷째는 성품을 알아야 할 것이
니 신부될 사람의 성품이 자기의 성품과 합할 수 있는지 알아야 되는데 즉
사진보고 성품을 알 수 없으니 중매가의 말로는 알기 어려우니 이 부부는
4~50년간 안락 가운데서 생활하려면 성품이 합하여야 할 터인 즉 아 과연
중매하는 이들이여 이 두 사람이 평생 함께 살 것을 얼마나 깊이 생각하는
가? 아마 깊이 생각지 아니하는 사람이 있는 모양이외다. 그런즉 합당한 처
녀인지 어떻게 알 수 있는가 하면 대답하기 어려운 줄 압니다. 그러나 어려

울지라도 알지 않으면 결코 안 될 것이니 알려면 의와 정결을 좇아 신랑 신부될 사람이 어떻게 만나 볼 수 있는지요. 들으니 평양 길(선주) 목사가 자기 아들을 장가보내기 전에 처녀의 부모와 같이 한 곳에 모여 서로 묻기도 하며 기도하며 의론한 후 결혼하였다 합니다. 그런 즉 이런 일이 어떻게 잘 될 방책은 조선에 직분 있는 이들이 먼저 기도 많이 하는 중에 믿는 부모들이 성신의 인도를 받아 깊이 생각하면 무슨 좋은 풍속이 시작될 줄 믿습니다. 또한 부족한 풍속으로 인하여 교회와 온 백성에게 해됨은 많이 깨닫는 가운데 고칠 방책을 얻을 수가 있겠습니다.

둘째로 '여자가 알지 못하는 남자와 결혼하는 경우'에 남자가 여자의 머리가 되는 까닭에(고전 11: 3) 여자가 자기 목소리를 내기 어렵고 이로 인해 여자가 혼인을 잘 못할 경우 남자보다 어려움을 더 겪는 현실을 지적하였다. 따라서 여자는 혼인 전에 신랑 될 사람의 신앙과 성품, 가정의 의식주를 책임질 수 있는지 등을 자세히 따져봐야 한다고 다음과 같이 권면하였다.

처녀가 시집 가기 전 신랑에 대하여 몇 가지 알 것이 있으니 첫째는 참으로 믿는 사람인지를 알 것이라. 혹 회당에 다니며 학습과 세례까지 받았다는 말을 들어도 분명치 아니하니 혹 세례를 받았으나 책벌 당한 자도 있고 학습했다 하나 열심 없이 다니는 이도 있어 믿는 여자에게 장가 들기를 원하여 교회에 다니는 이도 있으니 전에 어떤 이가 기자에게 편지를 보내었기로 본즉 내 딸이 있는데 교회에 3주째 다니는 신랑에게 시집보내었더니 시집간 첫 주일에 신부까지 회당에 가지 못하게 한다 하니 답답하다고 편지를 하였습니다. 그런고로 먼저 시집가고자 하는 것보다 자세히 살펴봄이 요긴한 것인즉 혼인에 상관되는 여자는 신랑 되고자 하는 사람의 형편을 잘 살필 것이오. 또 신부될 사람이 이런 중대한 일을 누구에게 맡기면 위태하니 충성한 사람에게 맡길 것이라. 그러나 친히 살펴보는 기회를 얻는 것은 더욱 합당한 것이다. 둘째는 성품을 알아야 할 것이니 자기가 좋아하는 것과 하고자 하는 것과 신랑 될 사람의 성품이 같은지 알기 전에 어찌 자기를 사랑할 수 있는지 알겠습니까. 만일 사나운 성품이면 무슨 재미가 있겠으며 또 어떠한 성품인지 알지 못할지라도 혼인하는 것이 합당하겠는가? 만일 시집간 후에 남편이 아내를 사랑하지 않고 아내가 남편을 순복하지 아니하면 도리어 혼인하지 아니하면 좋았을 뻔 했다고 후회하기 쉬우니 혼인을 쉬울 수 있으나 이혼하기는 어려우니 만일 정혼하고 혼인 전에 재미없으면 이혼할 수 있다 하는 사람은 벌써 죄를 범하기로 길을 예비한 사람이외다. 셋째는 의식주 하게 할 만한 사람인지 알아야 할 것이니 사람이 자기 일가를 돌아보지 않고 더욱 자기 집안사람을 돌아보지 아니하면 믿음을 배반한 자요 믿지 아니하는 자보다 더 악하다 하였으니(딤전 5:8) 만일 남편이 아내를 못 먹이면 자기 아버지가 자기를 먹여 주기를 바라는 것은 합당하거니와 어찌 사업이 없는 자가 아내까지 먹일 수 있겠는가? 17~8세 되는 사람은 사업 없는 사람이 많으니 만일 처녀가 18세 된 남편에게 시집가고자 하나 자기 아버지의 금전을 의지하는 것이 위태한 줄 알고 사업이 있어야 합당한 줄 깨달을 것이니 18세 된 사람에게 시집 갈 수 있으나 그 전으로는 시집가는 것이 마땅치 아니하니 이 말은 즉 18세 이상 된 남자라야 더 좋다는 말씀이외다. 그러나 기자의 경험대로 생각한 즉 총각이 18세 될 때까지 기다리면 걱정된다고 말하는 부모와 중매가 많습니다. 어떤 사람은 18세 이상 되면 장가 보내지 못할까 보다 하는 이도 있고 또 다른 사람의 짐작에 병신인가 보다 하는 감정을 얻을까 겁내는 사람도 있으니 만일 아들이 7계명을 범할까 염려하여 장가보낸다 하면 더 말할 것 없으나 특별히 공부하려면 졸업하기 전에 장가감이 옳지 아니하니 가령 장가가서 공부하는 중에 아내나 자식이나 병나면 보아줄 수밖에 없으니 매우 방해가 되는 것인즉 졸업하고 좋은 사업을 얻어 세상살이에 요족한 후에 장가 드는 것이 좋을 것이라. 그러나 (조선에서) 지내보니 아직 옛 풍속을 좇는 힘이 많은 듯 하다. 기자의 집에 7~8년 있었던 과부에게 아들이 있는데 얼마큼 아이가 장성하기 전에 장가 보내지 말라고 부탁하였더니 18세까지는 기다렸으나 아직 키가 작고 몸도

약한 아이인데 그 어머니가 서간도로 이사하였다가 왔기로 지금 아이를 장가 보냈는가 물으니 조선풍속을 어기지 못하였다고 부끄러운 낯으로 대답한 것을 보았습니다. 어떠한 사람은 혹 18세가 되었으나 몸이나 지식이 어린아이와 같은 사람도 있으니 18세로만 표준할 것이 아니라 장성하기를 기다려 혼인함이 필요할 줄 아나이나.

이처럼 저자는 당시 혼례 풍속 가운데 당사자의 의사와 상관없이 맺어지는 혼인에 대해 비판하고, 기독교인간의 혼례에 있어서도 먼저 살펴보아야 할 부분으로 결혼 당사자의 신앙, 건강과 성품, 가정의 의식주를 책임질 수 있는 여부 등을 논하였다. 조혼 금지의 이유 등에 대해서도 서술하면서 혼인이 가능한 나이를 당시 교계에서 정한 18세로만 표준할 것이 아니라 몸과 마음이 장성할 때까지 기다렸다가 혼인해야할 필요성을 강조하였다. 또한 목사나 전도사, 장로들이 친히 모본이되어 교인들을 좋은 풍속으로 인도할 것을 주문하기도 했다.

Ⅳ. 나가며

이상에서 살펴본 바와 같이『혼인론』과『교인의 혼례론』은 1910년대와 1920년대 초 조선의 혼인풍습에 대한 비판적인 인식을 살펴볼 수있는 자료이다. 본 글에서는 다루지 않았지만 한국인 목사가 저술한『혼인론』과 서양인 선교사가 저술한『교인의 혼례론』을 비교하여 분석한다면 양자간의 뚜렷한 인식의 차이도 확인할 수 있을 것이다.

요컨대 본 자료는 한국기독교의 대표적인 매체이자 혼인에 관한 논의를 많이 다루었던『기독신보』등과 더불어 조선의 혼인에 대한 인식

이나 풍습, 그리고 기독교 세계관에서 주장하는 혼인론 등을 연구하는
데 있어 유용한 자료라고 할 수 있다.[12)]

12) 숭실대학교, 앞의 책, 2007, 226~227쪽.

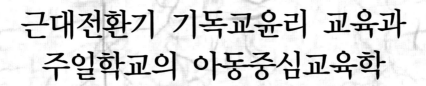

근대전환기 기독교윤리 교육과
주일학교의 아동중심교육학

윤정란

근대전환기 기독교윤리 교육과 주일학교의 아동중심교육학

Ⅰ. 서론

근대전환기 서구 종교인 기독교가 서구 제국주의와 동반하여 자연스럽게 유입되었다. 처음에 기독교의 보급은 반서양적이고 반기독교적인 분위기로 인해 지체되었다. 그러나 조선인들은 청일전쟁을 기점으로 기독교에 대해 새롭게 인식하기 시작했다. 서양 근대 문명을 이룬 정신적 기초가 기독교라고 자각하기 시작했던 것이다. 그래서 기독교를 적극적으로 받아들이기 시작했다. 이러한 과정에서 조선인의 정신적 기반이었던 유교가 무너져 내렸다. 대신에 새로운 근대적인 서구 사상이 그 자리에 들어섰다.[1]

조선 오백년을 지배해 온 유교의 바탕은 개인의 도덕적 수양을 중시한 삶의 통합적 원리에 있었다. 조선인들이 지켜야 할 도덕은 유교의 삼강오륜(三綱五倫)이었다.

서구 제국주의와 함께 한반도에 들어온 외국 선교사들은 조선인들이 그동안 지켜오던 삼강오륜 대신에 인간이 마땅히 지켜할 도리가 기독교윤리라고 주장하였다. 이를 성경의 십계명으로 설명하였다. 신과 인간, 인간과 인간 등의 관계에서 지켜야할 윤리가 성경의 십계명이었다. 신과 인간과의 관계에 대한 계명은 첫째, 다른 신을 섬기지 말 것, 둘째, 우상을 섬기지 말 것, 넷째, 안식일을 지킬 것 등이었다. 인간과 인간의 관계에 대한 계명은 다섯째, 어버이를 공경할 것, 일곱째, 계명인 간음하지 말 것 등이었다. 외국 선교사들은 여기에 음주, 놀음, 그리고 아편 등을 엄금하는 계명도 추가하였다. 다섯째 계명인 어버이를 공경하라는 것은 유교에서 중요시한 효 사상과 같았다. 그러나 외국선교사들은 조상에게 드리는 제사를 엄금하였다. 이와 함께 외국선교사들이 강조한 기독교윤리 중의 하나가 직업윤리였다.[2]

근대교육사업을 통해 외국선교사들은 기독교윤리를 한국인들에게 보급 및 확산시켰다. 그들이 전개한 교육사업은 일반교육과 종교교육 등으로 구분해서 이루어졌다. 이 중에서 종교교육은 사경회와 주일학

---

1) 박정신, 『한국기독교 읽기』, 다락방, 2004, 114~117쪽.
2) 백종구, 「초기 개신교 선교부의 사회윤리」, 『교회사학』 1:1, 한국기독교회사학회, 2001, 118~121쪽, 134~139쪽, 144쪽. 근대전환기 서구 기독교윤리의 수용과 변용에 대해서는 문시영 외, 『근대 사상의 수용과 변용 I』, 선인, 2020; 오지석, 『서양 기독교윤리의 주체적 수용과 변용-갈등과 비판을 넘어서』, 푸른영토, 2018; 김명배, 「1920년대 민족주의운동과 기독교의 연관성에 관한 연구-기독교 사회윤리의 관점에서」, 『기독교사회윤리』 32, 한국기독교사회윤리학회, 2019; 김권정, 「근대전환기 윤치호의 기독교사회윤리사상」, 『기독교사회윤리』 22, 한국기독교사회윤리학회, 2011; 김권정, 「한국기독교초기 유교지식인의 기독교사회윤리연구-월남 이상재를 중심으로」, 『기독교사회윤리』 20, 한국기독교사회윤리학회, 2010 참조.

교 등을 통해서 시행되었다. 한국인들은 주일학교 교사 양성 프로그램을 통해 서구 근대교육학에 다가갈 수 있었다.[3]

주일학교가 체계적으로 운영되기 시작한 것은 1905년 이후였다. 주일학교는 초기에 운영되던 성경반이 발전한 형태였다. 1911년 조선주일학교 실행위원회 조직, 1922년 조선주일학교연합회 등이 세워졌다. 이러한 발전 과정에서 한국 기독교인들의 종교교육기관임과 동시에 서구 근대교육을 접할 수 있는 기관이 주일학교였다.

근대전환기 주일학교 관련 연구는 여러 편에 이른다.[4] 이 연구들은 주일학교 초기의 역사, 주일학교 교재, 조선주일학교연합회, 주일학교 대회에 대한 역사, 그리고 주일학교 교사 양성 등에 대해 주로 살폈다.

지금까지의 연구성과에 의해 많은 주일학교와 관련된 역사적 사실이 드러났다. 그러나 주일학교가 체계적으로 운영됨으로써 많은 교사들이 필요로 하게 되었고 아동중심 교육학 교재가 출판되었다. 그런데 이러한 아동중심교육학 교재에 대한 분석은 지금까지 이루어지지 않았다. 이윤진과 소홍희에 의해 어느 정도 교사 양성 교육에 대한 내용

---

[3] 이윤진, 「1910년대 개신교 주일학교의 교육활동」, 『한국교육사학』 30:2, 한국교육사학회, 2008.

[4] 1950년대부터 한국 주일학교 역사에 대한 책들은 지속적으로 출간되었다. 대표적인 연구성과들은 다음과 같다. 엄요섭, 『한국기독교역사소고』, 재단법인 대한기독교교회, 1959; 문동환, 「한국의 교회교육사-주일학교 운동 중심으로」, 『한국기독교교육사』, 대한기독교교육협회, 1973; 안병준, 「조선주일학교연합회연구-1922년 -1937년간의 주일학교운동을 중심으로」, 연세대학교 석사학위논문, 1983; 김폴린, 『한국기독교 교육의 역사』, 대한기독교서회, 1992; 윤춘병, 『한국감리교회 주일학교 사화』, 기독교대한감리회본부 교육국, 1992 등을 들 수 있다. 2000년대 이후에는 안병창, 「한국교회의 청소년부 교육과정 변천사-5개 교단을 중심으로」, 백석대학교 박사학위논문, 2010; 이윤진, 위의 논문; 이지혜, 「전(全) 조선주일학교대회에 관한 연구」, 서울장신대학교 석사학위논문, 2018; 소홍희, 「초기 한국주일학교 (1888-1945년) 공과교재에 따른 교사교육방법 연구」, 총신대학교 석사학위논문, 2018 등이 있다.

은 밝혀졌다. 그러나 이들 연구에서는 주일학교 교사를 양성하기 위해 사용한 아동중심교육학 교재에 대해서는 다루지 않았다. 또한 근대교육학 도입에 대한 기존의 연구에서도 주일학교 교사를 양성하기 위해 사용한 아동중심교육학 교재에 대해서는 살피지 못했다.[5]

따라서 이 글에서는 주일학교 교사 양성을 위한 아동중심교육학 교재에 대해 분석보고자 한다. 이러한 연구를 위해 주일학교의 도입과 제도화에 대해 먼저 살펴본 후 주일학교 교사 양성을 위해 1909년 한국 최초로 출간된 크램(W.G.Cram)의 『교사량성 쥬일학당교과셔』, 1922년에 발간된 남궁혁의 『최신 유년쥬일학교교수법』, 한석원의 『최근 쥬일학교론』, 홍병선의 『근세 쥬일학교교수법』[6] 등에 대해 고찰할 것이다. 이어 이러한 책들에서 중요하게 다룬 아동중심교육학의 내용에 대해 분석하겠다.

전술한 책들은 근대전환기 아동중심교육학의 도입을 살필 수 있는 매우 적절한 근대문헌자료라고 할 수 있다. 지금까지 밝혀진 바에 의하면 한국 최초의 아동중심교육학 교재는 크램의 『교사량성 쥬일학당교과셔』이다. 한국의 주일학교 제도가 정착한 시기에 발간된 책들이 남궁혁, 한석원, 그리고 홍병선 등의 번역서와 저서이다. 이후부터 한국인들에 의해 출판된 주일학교 교사 양성을 위한 아동중심교육학 교재는 대부분 이 책들로부터 영향을 받았다고 할 수 있다. 그러므로 전

---

5) 서구 교육학 도입과정에 대한 대표적인 연구성과로 김성학, 「서구 교육학 도입과정 연구」, 연세대학교 박사학위논문, 1995을 들 수 있다.

6) 하밀, 크램 옮김, 『교사량성 쥬일학당교과셔』, 발행처 불명, 1909; 멍커스, 남궁혁 옮김, 『최신유년쥬일학교교슈법』, 조선야소교서회, 1922; 아던, 한석원 옮김, 『최근쥬일학교론』, 조선야소교서회, 1922; 홍병선, 『근세쥬일학교교슈법』, 조선야소교서회, 1922.

술한 책들의 분석은 한국의 주일학교의 역사와 근대교육학에 대한 연구를 확장하기 위해 필요한 중요한 작업이라 할 수 있을 것이다.

Ⅱ. 서구 기독교윤리 교육을 위한 주일학교의 도입과 제도적 발전

서양 문명의 정신적 토대라고 할 수 있는 기독교가 도입되면서 한국에서 주일학교가 운영되기 시작했다. 처음에 시작되었던 성경반이 주일학교로 전환되었다.[7] 미국 감리교의 여선교사인 스크랜트 부인(Mary F. Scranton)이 주말에 성경공부를 시작하였다. 1888년 1월 이화학당 학생 12명, 정동교회 여교인 3명, 북감리교 해외선교부 4명 등 총 19명이 모인 성경반이었다. 동년 3월 미감리교의 선교사 아펜젤러(H.G.Appenzeller)는 영어주일학교를 운영하기 시작했다. 대상은 배재학당 학생들이었다.[8]

유년주일학교(Children's Sunday School)라는 명칭을 처음으로 사용한 선교사는 노블부인(Mattie Wilcox Noble)이었다. 그녀는 1903년 5월 평양에 위치한 남산현교회에서 어린이들을 대상으로 주일학교를 시작하였다. 동년 7월 200명의 어린이들이 이곳으로 모여들었다. 일요일 아침 8시에 주일학교를 시작하였다. 주일학교 어린이들은 노블부인이 한 사람당 4세에서 16세 사이의 어린이 5명을 데려오라고 지시하자 이를 실천에 옮겼

---

7) 문동환, 앞의 논문, 37쪽.
8) 조선혜, 「노블부인의 선교생활 연구」, 감리교신학대학교 박사학위논문, 2012, 96~97쪽.

다. 주일학교 어린이들은 기독교를 받아들이지 않았던 많은 어린이들을 주일학교로 데리고 왔다. 그리하여 7월에 어린이 200명을 대상으로 교육을 시킬 수 있었다. 교사는 이 때 20여명이었다. 미국의「만국통일공과」를 교재로 이용하였다. 1910년 주일학교 건물이 남산현 교회에 세워졌는데, 이는 미국의 톰슨(W.H.Tompson)의 기부금에 의한 것이었다. 영아부(嬰兒部)도 1911년 10월 만들어졌다.[9]

1905년 이전까지『죠션크리스도회보』의 "예배일공과"를 주일학교 교재로 사용하였다. 1897년 2월 아펜젤러에 의해『죠션크리스도회보』가 출판되었다. "예배일공과"는 교육과정과 학습과정으로 구분되어 있었다. 교육과정은 성경구절과 주석, 학습과정은 묻는 말 등이었다.[10] 1905년 주일학교위원회가 만들어졌는데, 이는 '재한복음주의 통합선교 공의회(General Council of Protestant Evangelical Missions, 이하 통합선교공의회)'[11] 산하에 조직되었다. 이 때부터 주일학교가 체계적으로 운영되기 시작하였다. 주일학교위원회는 성경을 쉽게 설명한『주일학교공부』를 출간하였다. 1906년에 주일학교 교재인『통일공과』가 발행되었다. 이는 미국 기독교교회협의회 통일공과위원회에서 발간한 것으로 그 다음해에 한국에서 출판하여 주일학교에 나누어 주었다.[12] 1911년에는 계간으로 『만국주일공과』와 월간으로『성경강론월보』등이 나왔다. 이 두 교재

---

9) 배덕영,『주일학교조직과 관리』, 기독교조선감리회 총리원 교육국, 1935, 13쪽; 한국기독교역사연구소,『자료총서 제17집 ─ The Journals of Mattie Wilcox Noble』, 1993, 111쪽.

10)「레빅일공과」,『죠션그리스도회보』1897.2.10.

11) '재한복음주의 선교통합공의회'에 대한 자세한 내용은 장금현,「재한복음주의선교 통합공의회」,『성결교회와 신학』6, 현대기독교역사연구소, 2001, 161~190쪽 참조.

12) 문동환, 앞의 논문, 39쪽; 대한예수교장로회 연동교회,『연동주일학교100년사: 1907-2007』, 연동교회 역사위원회, 2008, 76쪽.

도 교육과정과 학습과정 등으로 구분되어 있었다. 교육과정으로는 하나님, 예수, 성령, 교회, 성경, 구원 등에 대한 것이 수록되었고, 학습과정으로는 제목, 주제문, 성경요절, 성경공부내용, 그리고 질문 등으로 구성되어 있었다.[13]

1907년 '주일학당위원회'가 조직되었다. 이는 대한예수교장로회 독노회(이하 독노회) 산하에 설치되었다. 평양 장대현교회에서 장로회 공의회가 개최되었을 때 대한예수교장로회 노회 창립을 발표하였다. 이날 한국인 장로 36명, 4선교부 33명, 찬성회원 9명 등 78명의 회원이 모였다. 장로회에서는 독노회의 조직과 함께 주일학교를 제도적으로 운영하기 시작했다.[14]

1908년에 미국 세계주일학교연합회(The World's Sunday School Association)의 하밀(H.M. Hamill)이 한국을 방문하였다. 그는 한국 주일학교연합회 조직의 중요성을 강조하였다. 그는 미국 일리노이 주일학교연합회(The Illinois State Sunday School Association)를 대표하는 인물이었다. 이때 하밀은 세계주일학교연합회의 실행위원장인 베일리(G.W.Bailey)의 편지를 가지고 왔다. 베일리의 편지에는 다음과 같은 내용이 포함되어 있었다. 만일 한국에서 주일학교연합회가 설립된다면 그 착수비로 기부금 1천 달러를 내놓겠다는 것이었다. 여러 교파의 선교사들은 이러한 조건에 수락하여 1908년 3월 19일 세계주일학교연합회 한국지부를 만들었다. 윤치호가 회장이었다. 그래함 리(Graham Lee)는 실행위원장을 맡았다.[15] 1907년 5월 18일부터 23일까지 로마에서 제5회 세계주일학교대회가 개최되었다.

13) 안병창, 앞의 논문, 53쪽.
14) 김양선, 『한국기독교사연구』, 기독교문사, 1971, 101~102쪽; 위의 논문, 44쪽.
15) 백낙준, 『백낙준 전집 I: 한국개신교사』, 연세대학교 출판부, 1995, 424쪽.

이 때 윤치호는 개인 자격으로 참석하여 연설을 한 바가 있었다. 그는 실행부 위원으로 선정되었다.[16)

하밀의 방문으로 세계주일학교연합회 한국지부가 조직됨에 따라 서울 연동교회, 평양 장대현교회, 남산현교회, 선천 북교회, 전주 서문교회 등에서 소아회(小兒會)가 조직되었다.[17)

소아회는 서울 연동교회의 집사이자 1908년 창간된 『예수회 회보』 주필인 김종상이 제안한 것이었다. 그는 선교사 게일(J.S.Gale)에게 다음과 같은 이유로 소아회로 이름을 정할 것을 주장하였다. 당시 게일은 연동교회 초대 담임목사였다. 김종상은 감리교회에서 유년주일학교가 현재 운영되고 있다, 그러므로 장로교회에서도 운영해야 한다고 주장했다. 게일은 김종상에게 유년주일학교 조직을 책임질 것을 부탁했다. 당시 감리회에서 유년주일학교라는 이름을 사용하고 있으므로 장로교는 다른 이름을 가져야 한다는데 김종상과 게일은 의견 일치를 보았다. 그리하여 장로회에서는 소아회로 이름을 짓게 되었다.[18)

연동교회에서는 당시 어린이 중심의 주일학교가 존재하지 않았다. 운영된 것은 장년주일학교뿐이었다. 김종상에 따르면 그 당시 장년주일학교에서는 총회에서 제작한 '월보'로 공부를 했으며, 어린이들은 한쪽 구석에서 '월보'를 보며 교사의 강의를 경청했다고 한다. 또한 연동교회의 어른들은 어린이들을 무시하거나 무관심했으며 교회에 오는 것을 싫어했다는 것이다. 그 이유는 어린이들이 교회를 더럽히고 뛰어다니면서 시끄럽게 떠들기 때문이라는 것이었다. 이 시기만 해도 여전

16) 엄요섭, 앞의 책, 10쪽.
17) 김양선, 앞의 책, 136쪽.
18) 대한예수교장로회 연동교회, 앞의 책, 72쪽, 76쪽.

히 신분제 사회였기 때문에 연동교회의 양반 기독교인들은 양반의 자녀들과 상민의 자녀들을 함께 공부시키는 것을 받아들이지 못했다. 상민 자녀들을 가르쳐도 어디에도 도움이 안 된다는 것이 그들의 논리였다. 그래서 어린이들을 무시하고 크게 관심이 없었다는 것이다.[19] 이와 같은 분위기의 연동교회에 소아회가 만들어진 것은 1908년 하밀의 방한으로 세계주일학교연합회 한국지부의 결성과 장로회의 독노회 조직과 함께 만들어진 '주일학당위원회' 등에 의한 것이었다.

장로회에서는 하밀 방한을 계기로 세계주일학교연합회 한국지부의 조직과 장로회 노회 산하의 '주일학당위원회' 설립 등으로 유년주일학교운동에 크게 관심을 가지게 되었고 이후 장로교 개교회에서 유년주일학교인 소아회가 조직되었던 것으로 보인다. 연동교회는 1908년 연동교회를 크게 건축하면서 특별한 사업으로 소아회를 시작하게 되었다고 한다.[20] 1909년에는 서울 정동교회에서 선교사 존스 부인(Mrs. C.H.Jones)이 처음 유년주일학교를 설립하였다. 영아부는 노블부인이 서울로 이주한 후인 1914년부터 시작되었다.[21]

1910년 일제강점 이후 주일학교 제도는 더욱 발전하였다. 1911년 4월 세계주일학교연합회(The World's Sunday School Association)의 특별위원인 브라운의 내한(F.L.Brown)을 계기로 '주일학교실행위원회'가 조직되었다. 브라운이 내한했을 때 감리교와 장로교에서 선발된 주일학교 교사 600명이 참석한 가운데 노블부인은 어린이 주일학교 시범을 보였다. 브라운은 남산현교회를 방문하였고, 그는 노블부인이 운영하는 유년주일학교가

---

19) 위의 책, 73~74쪽.
20) 위의 책, 74쪽.
21) 배덕영, 앞의 책, 14쪽.

지금까지 동양을 시찰하면서 참석했던 어떤 주일학교보다도 최고의 주일학교였다고 말함으로써 노블부인을 놀라게 하였다.[22]

이를 계기로 1912년 2월 1일에서 2일 동안 '주일학교실행위원회'의 첫 모임이 이루어졌다. 이 위원회는 개신교복음주의연합선교공의회 (Federal Council of Protestant Evangelical Missions, 이하 연합선교공의회)에서 관할하였다. 연합선교공의회는 1911년 7차 통합선교회 모임에서 재조직된 것이었다. '주일학교실행위원회'는 내한선교사와 한국기독교인 등 총 13명으로 구성되었다. '주일학교실행위원회'가 조직된 이후 세계주일학교연합회에서는 매년 2천 불을 원조하였다. 지원금으로 각종 주일학교교재를 출판하였다.[23]

같은 해 조선예수교장로회 총회가 창립되었고 그 산하에 주일학교부를 상비부의 하나로 설치하였다. 총회는 주일학교의 교육을 중요하게 여겼으며, 이를 발전시키기 위해 많은 노력을 기울였다. 주일학교에서 사용할 교재도 준비하였다.[24]

1913년 봄에 세계주일학교연합회의 실행 총무인 하인즈(H.J.Heinz)와 브라운이 '4번째 위원단'으로 극동을 방문했다. 이때 그들은 한국도 방문해서 스위스 쯔리히에서 개최된 세계주일학교협회 대회에 대해 보고해 주었고, 한국의 주일학교 발전에 도움을 주기 위해 5개의 권고안을 만들어 주었다.[25] 그리고 위원단을 환영하기 위해 4월 19일에 경복

---

22) 한국기독교역사연구소, 『자료총서 제17집: The Journals of Mattie Wilcox Noble, 1892-1934』, 한국기독교역사연구소, 1993, 230~231쪽; 조선혜, 앞의 논문, 101쪽.
23) 김양선, 앞의 책, 136쪽; 김폴린, 앞의 책, 188쪽.
24) 안병창, 앞의 논문, 44~45쪽.
25) 해리 로즈, 최재건 옮김, 『미국 북장로교 한국선교회사』, 연세대학교출판부, 2009, 429쪽.

궁에서 언더우드(H. G. Underwood)의 사회로 대규모 주일학교 대회가 개최되었다. 이날 1만 4천 7백 명이 참석하였다.[26]

1915년 주일학교실행위원회는 주일학교 규칙을 제정 및 발표하였다. 주일학교 직제를 교장, 학감, 서기, 회계, 반사 등으로, 학생 분반을 소아반 1-13세, 유년반 14-20세 등으로 통일시켰다. 이후 1919년 3·1운동을 기점으로 주일학교는 더욱 발전하여 1921년 주일학교 3,899개에 달했고, 학생은 223,732명에 이르렀다. 같은 해 서울 승동교회와 YMCA 대강당에서 제1회 전 조선주일학교 대회가 개최되었다. 이날 각 주일학교 대표자 5인씩 총 1천 명 이상이 참가하였다. 대회의 강사는 세계주일학교연합회 총무 톰슨(J.V. Thompson)이었다. 그는 서울에서 개최된 장감연합회 주일학교 강습회를 비롯해서 전국 12개 도시를 방문하여 주일학교 강습회를 개최하였다. 이를 계기로 1만 명의 어린이들이 주일학교에 등록하였다.[27]

1922년 11월 한국인들에 의해 '조선주일학교연합회(이하 연합회)'가 조직되었다. 연합회의 총대는 총 10개 단체의 대표 27명이었다. 조선예수교장로회 8명, 기독교조선감리회 8명, 북장로회선교회 2명, 남장로회선교회 1명, 가나다장로회선교회 1명, 호주장로회선교회 1명, 미감리회선교회 2명, 남감리회선교회 2명, 조선주일학교연합회 1명, 조선야소교서회 1명 등이었다. 임원은 회장, 부회장, 서기, 부서기, 회계, 부회계, 총무, 협동총무 등으로 구성되었고, 각부 위원회로 실행부위원회, 교육부위원회, 편집부위원회, 재정부위원회, 검열위원회, 통계위원회 등이 설치되었다. 한국인은 총 27명이 임원으로 있었고, 내한선교사는 총 5명

---

26) 위의 책, 429쪽.
27) 김양선, 앞의 책, 137쪽.

이 활동하였다. 선교사들이 담당한 것은 주로 회계와 총무였다. 1925년부터는 한석원과 정인과가 협동총무로 활동하기 시작하였다.[28]

장로교 총회에서는 1926년 주일학교부를 종교교육부로 이름을 바꾸고 기독교교육의 여러 분야를 개발함과 동시에 주일학교 공과를 발행하였으며, 성경통신교육을 시작하였다. 장로교에서는 이와 같이 주일학교운동을 매우 적극적으로 전개하였다. 연합회는 장로교 중심으로 발전을 했다. 그러자 감리교에서는 1928년 제7회 총회에 "감리교 종교교육협회"를 조직하여 주일학교운동에 박차를 가하였다.[29]

Ⅲ. 서구 기독교윤리 교육을 위한 주일학교 교사 양성을 위한 아동중심교육학 교재

주일학교 운영에 관한 조직과 관리, 교육에 필요한 아동심리학 및 교수법 등의 아동중심교육학 교재로서 지금까지 밝혀진 바로 가장 처음 출간 된 시기는 1909년이었다. 전술한 하밀(H.M.Hamill)이 미국에서 출판한 *Legion of Honor, Teacher Training Lessons*를 남감리교선교사 크램(W.G.Cram)이 편역해서 출간한 『교사량성 쥬일학당교과셔』였다.[30] 1908년 세계주일학교연합회 한국지부가 결성된 이후 주일학교의 제도적 발전과 세계와의 연대가 시작되면서 주일학교 교사가 많이 요구되었다. 그

28) 조선주일학교연합회 참여 인물에 대한 구체적인 내용에 대해서는 엄요섭, 앞의 책, 15~16쪽 참조.
29) 안병창, 앞의 논문, 45쪽, 55쪽.
30) 윤춘병, 앞의 책, 54~55쪽, 이 책의 번역자로 W.G. Gram이라고 표기되어 있는데, 이는 크램의 오기이다. 그램이라는 인물은 내한한 적이 없다.

래서 1909년 주일학교 교사를 양성하기 위한『교사량성 쥬일학당교과
셔』가 출간되었다.

이 책을 편역해서 출판한 인물은 선교사 크램(W.G.Cram)이었다. 크램
은 한국교회사에서 기독교 교육을 개척한 인물이었다. 그는 1875년 미
국 켄터기(Kentucky)주에서 출생했으며 1898년 에즈베리대학(Asbury University)
을 졸업했다. 그 후 에즈베리대학에서 신학박사 학위를 받았으며, 웨슬
리안대학(Wesleyan University) 명예법학박사 학위를 취득했다. 1902년 남감
리교회 켄터키연회에서 목수 안수를 받았다. 동년 남감리교 선교사로
내한한 이후 강원도 철원, 금화, 금성구역 감리사로 활동하였고 1905년
에는 선교연회, 1921년에는 한국 연회 감독을 대리 주재하였다. 1922년
귀국한 이후 1926년부터 1940년까지 남감리회 해외선교부 총무를 지냈
다. 이외에 미국 성서번역위원, *The Christian News, the Christian Advocate*
등의 편집인으로 활동하였다. 1930년 남북감리교회가 조선감리교회로
연합할 때 선교본부 대표로 내한하였다. 1944년 은퇴하였으며, 1969년
10월 29일 미국 내쉬빌(Nashville)에서 세상을 떠났다.[31]

원저자 하밀은 1847년 미국 앨라배마 론데스버러(Lowndesboro)에서 출
생했으며 부친은 감리교 목사였다. 하밀은 앨라배마 대학(universiry of
alabama)에 다녔고 그곳에서 학사와 석사 학위를 취득했다. 미조리
(Missouri)에서 교사로 재직하다 1881년에 일리노이 잭슨빌의 공립학교
(public schools in Jacksonville) 감독관이 되었다. 1885년에 그는 감리교 목사가
되었으며, 3년 후 주일학교에서 봉사하기 시작했다. 그 다음 그는 주일
학교 교사들을 양성하는데 일생을 보냈다. 하밀은 일리노이 주일학교

---

31) 윤춘병, 앞의 책, 54~55쪽; 김승태 · 박혜진 편,『내한선교사총람:1884-1984』, 한국기
   독교역사연구소, 1993, 219쪽.

협회(the Illinois State Sunday School Association)를 조직하고 대표가 되었다. 그는 이와 관련된 많은 책들을 출판하였다. 즉 *Legion of Honor, Textbook of Sunday School Teachers*(이 책은 5개국어로 출판), *The Bible and its Books, The Sunday School Teacher, Sunday School Teacher Training and several others* 등이었다. 그는 1904년 *The Old South, a Monograph*를 저술하였다. 그는 두 번 결혼했는데, 두 번째 아내인 아다(Ada)와 1907년에 6개월간 일본을 여행했고 1908년에 하밀은 한국을 방문했다. 1915년 그는 테네시(Tennessee)에서 세상을 떠났다.[32] 하밀의 영어원본이 출간된 것은 1905년이었다. 이 때 출간된 것은 신약 12개의 장과 주일학교와 관련된 12개의 장으로 구성되었다. 그 후 3년 뒤인 1908년 하밀은 개정판을 출간하였다. 이때 출간된 영어원본은 1914년에 다시 출간하였다. 1914년 개정판은 1908년판과 크게 달라지지 않았다.[33]

1908년 책의 목차는 파트 1과 파트 2로 구성되었다, 파트 1에서는 구약 12개의 장과 신약 13개의 장으로 구분해서 서술했다. 파트 2에서는 주일학교의 원리와 방법에 대해 설명했는데, 구체적으로는 학교, 교사, 스칼라(Scholar) 등이었다. 학교에 대해서는 8장으로 구성해서 역사, 조직, 등급, 직원, 관리, 훈련, 프로그램, 현대 주일학교 방법, 교사에 대해서는 주일학교 목사, 교사, 레슨 스터디, 암송, 리뷰, 가르치는 것의 원리, 가르치는 방법, 교사 모임, 주일학교 목사의 업무 등을 포함하였고, 스칼라에서는 출석, 홈스터디, 기부, 정신 문화, 어린이의 공부 원리, 어린이 티칭, 어린이 훈련, 어린이의 생활 등을 설명하였다.

---

[32] Documenting the American South
(https://docsouth.unc.edu/fpn/hamill/summary.html/2020년 5월 2일 접속).

[33] H.M.Hamill, Legion of Honor, *Teacher Training Lessions*, Chicago: The W.B.Jacobs Company, 1914.

그램은 하밀의 1908년 개정판을 편역 출간하였다. 편역본은 하밀의 영어원본과는 완전히 다르게 편집하였다. 교사가 가르치는 파트와 교인들이 연습해야 하는 파트로 구분하였다. 교사가 가르치는 파트는 총 12장, 교인연습과목이 총 12장으로 전체 24장으로 구성하였다. 교사가 가르치는 파트 총 12장은 구약과 주일학교 원리와 방법을 각각 포함시켰다. 교인연습과목에는 신약과 주일학교 원리와 방법 등으로 편집하였다. 목차는 다음 〈표 1〉과 같았다.

이 교재에서는 성경의 신구약개론, 성지지리, 주일학교의 조직과 관리를 비롯해서 아동중심교육학과 관련된 아동심리학과 교수법 등을 함께 다루었다. 이외에 아동부 예배 순서진행, 사무처리방법, 주일학교 순서 등도 함께 설명하였다. 그리고 주일학교를 처음 창설한 로버트 레익스(Robert Raikes)도 소개하였다. 이 책에 대해 윤춘병은 "주일학교 종합연구도서"라고 평가하였다.[34]

그로부터 10여 년이 지난 1922년 한국인들에 의해 조선주일학교연합회가 조직되면서 아동중심교육학 교재가 여러 종류 출간되었다. 당시 조선주일학교연합회는 주일학교 교사 양성을 위한 시급성을 자각하고 있었다. 1922년 교사는 587명, 주일학교 학생 수는 33,382명에 이르렀다.[35] 이러한 상황에서 세 종류의 아동중심교육학 교재가 발간되었다.

첫째는 멍커스(A. Munkres)의 *Primary Method in the Church School*을 1922년 남궁혁이 번역하여 『최신 유년쥬일학교 교수법』이라는 제목으로 출판하였다. 이 책의 원저자 멍커스(Alberta Munkres)는 당시 미국 보스턴대학교(Boston University)의 종교 교육과 교수였다. 1921년에 출판된 책

---

34) 윤춘병, 앞의 책, 55쪽.
35) 위의 책, 100쪽.

<표 1> 『교사량성 쥬일학당교과셔』 목차

구약과 주일학교	신약과 주일학교
성경공부 제1장 구약전서 연습공부 제1장 주일학교장	성경공부 제1장 신약책과 기록한 사람 연습공부 제1장 근래 주일학교
성경공부 제2장 구약전서 지지 연습공부 제2장 목사	성경공부 제2장 거룩한 땅 연습공부 제2장 주일학당 조직
성경공부 제3장 구약전서 사기 : 창조할 때부터 애굽까지 연습공부 제3장 주일학교 처리	성경공부 제3장 거룩한 성 연습공부 제3장 주일학교 직원
성경공부 제4장 구약전서 사기 : 출애굽부터 그리스도까지 연습공부 제4장 주일학교 목양	성경공부 제4장 성전 연습공부 제4장 주일학당 교사
성경공부 제5장 모세의 법전 연습공부 제5장 학생의 출석	성경공부 제5장 역사상 지방 연습공부 제5장 주일
성경공부 제6장 모세의 예식 연습공부 제6장 학생들이 집에서 하는 공부	성경공부 제6장 예수의 행적 연습공부 제6장 주일학당 교육법
성경공부 제7장 유대국 조례 연습공부 제7장 학생의 연보	성경공부 제7장 예수의 끝날 연습공부 제7장 주일학당 순서
성경공부 제8장 유대국 당파 연습공부 제8장 영혼을 신령으로 비양함	성경공부 제8장 예수의 도 연습공부 제8장 학과 공부
성경공부 제9장 구약전서 예언 연습공부 제9장 가르치는 이치	성경공부 제9장 큰 선생 연습공부 제9장 강술
성경공부 제10장 구약전서의 도 연습공부 제10장 가르치는 방법	성경공부 제10장 큰 사도 연습공부 제10장 복습
성경공부 제11장 성경역사 연습공부 제11장 근래 주일학당 방법	성경공부 제11장 상고 예수교당 연습공부 제11장 교사회
성경공부 제12장 성경에 요구 연습공부 제12장 어린이 공부	성경공부 제12장 예수교 증거 연습공부 제12장 초학부문

을 다음 해인 1922년에 곧바로 번역해서 출간할 만큼 미국의 기독교 교육의 최신 방법을 한국에 그대로 적용하려 했던 것이라고 할 수 있다. 이 책을 번역한 남궁혁은 1901년 배재학당을 졸업하고 벙커(D.A.Bunker)

선교사의 소개로 인천세관 및 목포세관에서 근무하였으며, 1906년 기독교로 개종하였다. 평양신학교를 졸업한 후 전남노회에서 목사 안수를 받았다. 그리고 광주금정교회 목사로 재직하다 프린스턴신학교 (Princeton Theological Seminary)에서 유학하였으며, 리치몬드 유니언신학교에서 박사과정을 1년만 마치고 귀국하였다. 귀국 후 평양신학교 교수가 되었으며, 1928년부터 『신학지남』 편집장을 맡았다. 1932년 조선예수교장로회 총회장이 되었으며, 평양신학교가 폐교된 후 중국 상해로 망명하였다가 광복 직후 귀국하여 미군정청 적산관리처장을 지냈다. 1948년 한국기독교연합회 총무로 재직하였으며, 1950년 8월 북한군에 의해 납북되었다. 그는 특히 주일학교 운동에 많은 노력을 기울였다. 주일학교 진흥부 전남노회 위원장과 주일학교연합회 위원으로 활동하였다. 그리고 조선주일학교대회 대회장을 맡아 활동하였다. 1924년에는 스코틀랜드 글래스고우(Glasgow)에서 개최된 세계주일학교 총회에 참석한 바가 있다.[36] 이 교재의 목차는 다음 〈표 2〉와 같이 구성되었다.

위 책은 아동의 특징과 서구 기독교윤리를 아동에게 어떻게 교육학적으로 훈련시킬 것인가를 중점적으로 기술하였다. 〈표 2〉의 목차에서 드러나듯이 성경 이야기와 성경에서 제시하는 기독교윤리를 아동들의 실생활로 이어질 수 있도록 다양한 교수법을 제시하였다. 여러 가지의 교수법과 함께 성경 이야기들을 사례로 제시하였다.

두 번째로 들 수 있는 교재는 한석원의 『최근 주일학교론』을 들 수 있다. 이 책은 당시 보스톤대학교(Boston University) 종교교육학 교수로서

---

36) 남궁혁의 생애에 대해서는 문백란, 「남궁혁의 신학사상 연구」, 연세대학교 연합신학대학원 석사학위논문, 2004; 최원주, 「남궁혁의 생애와 사상 ─ 교회일치와 연합사상을 중심으로」, 연세대학교 연합신학대학원 석사학위논문, 1993 참조.

<표 2>『최신 유년쥬일학교 교수법』목차

장	제목	내용
제1장	아동	유년기의 범위에 대해서 설명
제2장	공과의 종류	단급식 공과, 부별계단적공과, 연별 계단적공과
제3장	훈련방식	해석법, 문답법, 이야기방식, 이야기하는 방법
제4장	이야기 만드는 법	인도하는 말, 본론, 결론
제5장	이야기 준비	성경이야기 준비하는 법, 성경이야기의 대요
제6장	이야기를 완전히 만들 것	이야기를 힘있게 만드는 법, 이야기 하는 법
제7장	유년부의 쓸 이야기	재료 얻을 곳, 이야기 택함, 이야기를 할 시간
제8장	예화의 재료	그림을 택하는 방법, 그림을 공부하는 법, 그림을 쓰는 법, 그림을 보관하는 법, 그림 얻을 곳, 모형을 사용할 것
제9장	이야기의 진행	진행의 목적, 재료의 견본, 진행법, 예제
제10장	행위적 표시	행위에 나타나도록 힘쓸 것
제11장	연극적 표시	연극의 가치, 연극할 방침, 설비, 연극할만한 이야기
제12장	수공	주일학교에서 하는 수공, 그림, 종이 접는 것,
제13장	수공 연속	종이를 잘라서 만드는 것, 진흙을 가지고 모형을 만들 것, 의장(意匠), 채색
제14장	종이로 무엇을 만드는 법	에스키모 썰매, 상자, 유대인의 집, 병거, 인력거, 일본집, 장막, 예배당, 성경 두루마리, 배
제15장	유년부에서 쓰는 모래	설비, 보관하는 법, 사용시간, 모래로 만드는 법, 모래를 사용하여 가르칠만한 이야기
제16장	교안	교안을 만들어볼 것, 교안의 형식, 교안 만드는 법, 예제
제17장	유년부의 음악	노래를 선택하는 법, 노래 가르치는 법
제18장	예배 순서	예배시 주의할 것, 예배시간, 예배순서에 들어간 자료, 예배순서를 만드는 법, 특별예배순서
제19장	설비	설비
제20장	조직과 관리	직원과 직무, 진급
제21장	선생과 양성	선생, 유년부 선생의 자격, 양성하는 방책, 연구과목, 선생이 지킬 신경(信經)

미국에서 저명한 교육학자인 아던(W.A.Athearn)이 출간한 *The Church School*을 번역한 것이다. 이 책은 원저자가 드레이크 대학교(Drake University) 종교 교육학 교수로 재직할 때, 미국 종교교육협회(The Religion Education Association)의 클리블랜드(Cleveland) 회의에서 발표한 "The Correlation of the Educational Agencies of a Local Church"에 대한 위원회 보고의 결과물로서 1914년에 출판되었다.[37]

이 책을 번역한 한석원은 1894년 평북 선천에서 출생하였다. 평남 진남포의 삼숭학교, 서울 상동교회 청년학원, 배재대학 등에서 수학한 후 일본 신호(神戸) 관서학원(關西學院) 신학부에서 종교 교육을 전공하였다. 1917년 3월 졸업 후 귀국하여 서울 중앙 YMCA 소년부 간사로 취임하였다. 그 이후 한석원은 한국교회의 기독교 교육사업에 힘썼다. 그는 『기독신보』에 「주일학교 교사의 이상」 등을 비롯한 여러 편의 글을 게재하였고, 월간지 『주일학교연구』의 사장 겸 주간으로 활동하였다. 단행본으로는 『주일학교 조직과 설비』(활문사, 1921)를 남겼다. 가곡집으로는 『가곡집』(조선주일학교연합회, 1925)을 비롯해서 여러 책을 출간하였다. 그는 상동교회 청년학원과 배재대학 재학 시절부터 한국 교계 신문에 동화와 성극 각본을 쓰고 어린이 주일, 추수감사절 등에 유년부 특별예배 순서를 포함시켰다.[38] 『최근 주일학교론』 목차는 다음 〈표 3〉와 같이 구성되었다.

---

[37] W.S.Ateearn, *The Church School,* Boston: The Pilgrim Press, 1914.
[38] 윤춘병, 앞의 책, 57쪽, 64~67쪽, 77~78쪽.

<표 3> 『최근 주일학교론』 목차

장	제목	내용
제1장	교회학교의 총론	교회학교의 직분, 교회학교의 사업, 교회학교의 프로그램
제2장	교회학교의 조직	교회의 교육부, 분과적 조직
제3장	요람과 「영아과」	요람과의 범위와 조직, 요람과의 아동, 가정에 대한 교육의 의무, 요람과의 수업, 요람과의 집회, 요람과의 아동과 교회학교의 관계, 요람과와 교회의 보육소, 요람과의 설비
제4장	유치과	유치과의 범위와 생도의 성질, 유치과의 학과, 유치과의 표현적 과업, 유치과의 조직, 유치과의 설비, 유치과의 프로그램, 유치과 교육실적의 음미
제5장	초등과	초등과의 범위와 아동의 마음, 유희의 특질, 초등과의 도덕적 의의, 학과의 재료, 초등과의 표현적 동작, 초등과의 프로그램, 초등과 교육 효과시험
제6장	소년소녀과	그 범위와 생도의 특질, 회의의 제1기, 회심, 학과의 재료, 교회출석의 습관, 소년소녀의 음악, 소년소녀의 표현적 활동, 소년소녀과의 프로그램, 소년소녀과의 설비, 소년소녀과 수업성적 음미
제7장	중등과	중등과의 범위와 생도의 성질, 회심의 연령, 중등과의 학과, 예술과 청년교육, 중등과 표현적 활동, 중등과의 조직, 중등과의 설비, 중등과의 프로그램
제8장	고등과	고등과의 범위와 생도의 성향, 고등과의 학과, 고등과의 표현적 활동, 고등과의 조직, 고등과의 프로그램, 고등과의 설비
제9장	장년과	장년의 종교적 요구, 학급의 종류, 특별과
제10장	가정과	가정과와 직분, 가정과의 교사, 가정과의 지도방법, 아동의 가정과 및 요람과
제11장	사범과	교사 양성과, 교사의 서재, 물품, 사범과 고등부

이 교재에서 중점을 둔 것은 아동의 연령대 구별이었다. 좀 더 교육학적으로 접근하기 위해서 요람과, 유치과, 초등과, 소년소녀과, 중등과, 고등과 등으로 구분하고, 아울러 장년과도 함께 서술하였다. 이외에 가정과와 사범과에 대해서도 설명하였다.

세 번째로 들 수 있는 것은 홍병선의 『근세 주일학교 교수법』이다.

이 책의 저자 홍병선은 1894년 2월 서울에서 출생하였다. 경성학당을 졸업한 후 일본으로 유학을 떠나 동지사대(同志社大学)를 졸업하였다. 1911년 귀국한 후에는 한양기독교회 전도사를 지냈으며, 보성전문학교 교수, 배화여학교 교사, 피어선성경학원 교수 등을 지냈다. 그는 YMCA 간사로 활동하면서 교수법, 심리학, 아동설교집 등 많은 교육서적을 출간하였다. 예를 들어 『아동심리학』(박문서관, 1920), 『심리학』(박문서관, 1923), 『종교심리학』(예수교서회, 1925) 등을 들 수 있다. 이외에 『기독신보』에 「교사의 자격」을 비롯한 많은 글을 실었으며, 초교파 교육잡지『주일학계』의 편집장이었다.[39] 그가 출간한 책의 목차는 다음 〈표 4〉와 같았다.

이 책에서는 주일학교의 정의, 주일학교 역사와 현황, 아동의 특징, 주일학교의 학급 편성, 주일학교의 조직과 설비, 교사, 교수법, 관리법, 교수법 등을 종합적으로 설명하였다.

1922년에 출간된 아동중심교육학 교재는 1924년 조선주일학교연합회가 교사를 양성하기 위한 프로그램을 시작할 때 영향을 주었던 것으로 보인다. 조선주일학교연합회는 주일학교 "교사양성공과"를 출판함과 동시에 교사 양성 프로그램을 추진하였다. 교사 양성 과정을 이수하면 조선주일학교 교사 자격증과 만국주일학교 교사 자격증을 주었다. 즉 조선주일학교 교사 자격증을 얻기 위해서는 성경 12시간, 심리학 12시간, 교수법 12시간, 조직법 12시간, 특별과 12시간, 인도법 12시간을 이수해야 했다. 그리고 만국주일학교 교사 자격증을 얻기 위해서는 여기서 또 72시간을 더 이수하면 되었다.[40]

---

39) 위의 책, 57쪽, 64~67쪽, 78쪽.
40) 안병창, 앞의 논문, 85~86쪽,

<표 4> 『근세 쥬일학교 교수법』 목차

장	제목	내용
제1장	주일학교가 무엇이뇨	주일학교의 목적, 주일학교와 교회, 주일학교와 가정, 인물과 처소, 주일학교의 필요와 이익
제2장	주일학교의 역사와 현황	옛날 주일학교, 근세의 주일학교, 주일학교의 현황
제3장	주일학교의 생도	생도를 알 일, 아동의 마음을 아는 방법, 기질, 아동 각기의 심리상 특질, 아동의 공통되는 성질, 생도의 위생
제4장	주일학교의 반편제	반편제법, 반에 대한 방침, 한 교사가 여러반을 가르침, 장년반 편제법.
제5장	주일학교의 교재	교재의 선택, 교재 편찬 문제, 교재 선택에 대한 주의
제6장	주일학교의 조직과 설비	반급의 조직, 직원의 조직, 목사도 직원 중 1인, 주일학교의 설비, 촌교회 주일학교 설비
제7장	주일학교 교사	교사의 책임, 교사의 자격, 교사의 의무, 교사 구하기의 어려움, 교사양성 사범과 과정과 방법, 주일학교 장년반 교사, 교사 채용에 대한 주의,
제8장	주일학교 교수법	교수의 목적, 교수의 원리, 교수의 두 방면, 교수의 방법, 5단 교수법의 실례, 3단 교수법, 교수에 대한 조건, 교사의 교수적 책임, 교수에 대한 주의
제9장	주일학교관리법	관리의 목적, 간단한 규칙의 필요, 관리의 요소, 집회 시간, 임원교사 친목회, 재정, 관리에 대한 주의
제10장	주일학교 학생의 훈련	훈련의 뜻과 필요, 훈련의 수단
결론	주일학교는 어린이들을 그리스도에게 인도하여 하나님을 섬기고 장래 훌륭한 사람이 되게 하려는 목적을 가지고 있음	

Ⅳ. 주일학교 아동중심교육학 교재로 본 서구 기독교윤리의 교육방식

외국선교사들은 한국에 주일학교 제도를 확산시키기 위해 주일학교 교사를 양성하기 위한 교재를 출간하였다. 1922년 한국인들은 외국선교사들과 함께 조선주일학교연합회를 조직함과 동시에 주일학교를 더욱 체계적으로 운영하기 위해 주일학교 교사에게 필요한 아동중심교육학 교재를 번역하거나 혹은 저술하였다. 1922년 당시 주일학교는 아동반과 장년반이 분리되지 않고 운영되었다. 이러한 운영 방식은 서구의 기독교윤리를 효율적으로 교육시키기에는 적절하지 않았다. 홍병선은 이러한 문제에 다음과 같이 주장했다. 현재 오전 주일학교에서는 장년과 유년을 함께 가르치고, 오후 2시 혹은 3시에 유년 중심의 유년 주일학교를 운영하고 있다. 그런데 어린이들은 놀이도 없이 주일에 성경을 두 번씩 공부하므로 잘 모이지 않는다. 그러므로 주일에 성경은 한번 만 가르치는 것이 적당하다. 오전에 성경을 가르치고 오후에는 어린이 중심의 예배를 보게 한 후 오후에 주일학교에서 성경을 가르치자고 했다.[41]

이와 같이 조선주일학교연합회가 설립되던 1922년 당시 어린이와 장년들이 오전에 함께 성경공부를 했다. 장년과 어린이는 여러 가지 면에서 많은 차이가 있는데 같은 반에서 교육을 시키는 것은 적절하지 않은 방식이라고 보았다. 따라서 주일학교 교사 양성을 위한 교재에서 나이별 차이를 받아들이고 나이에 맞는 적절한 방법으로 교육을 해야 한다는 시각에서 번역을 하거나 혹은 저술을 했다.

앞서 언급한 책들에서는 주일학교의 필요성, 주일학교 아동들의 연령별 학급 편제, 그리고 다양한 교수법 등을 제안하였다.

첫째, 주일학교 제도의 필요성에 대해서는 홍병선의 책에서 가장 구체적으로 다루었다. 1909년의『교사량셩 쥬일학당교과셔』에서는 이 부

---

[41] 홍병선, 앞의 책, 76쪽.

분에 대해서 구체적으로 설명하고 있지 않다. 이 교재는 5개 언어로 번역되어 출간되었다. 전세계적으로 기독교윤리를 교육시키기 위해 출간된 것이었다. 그러므로 주일학교 제도의 필요성보다는 신구약개론, 성지지리, 주일학교의 조직과 관리, 교회사기, 아동심리학, 주일학당 순서 등에 대해 자세하게 기술하였다.

1922년 홍병선의 책에서는 주일학교 제도에 대한 필요성을 다음과 같이 설명하였다. 그는 먼저 교육이라는 것은 사람을 가르쳐서 세상에서 살아가는데 유용한 인물을 양성하는 데 있다고 하였다. 그래서 교육을 육체적 교육, 지식적 교육, 도덕적 교육, 종교적 교육 등으로 구분하였다. 어린이가 도덕적, 종교적 교육을 받지 못하면 "병신"이 된다면서 인생의 근본은 종교에 있다고 강조하였다. 즉 다음과 같이 종교가 있어야 도덕도 가치가 있다는 것이었다.

> 누구든지 그 자녀를 가르칠 때 한편으로는 학교에 입학하게 하여 지식을 잘 가르치고 또 한 편으로는 종교를 가르쳐 완전한 도덕을 심어주며 종교적 생활에 들어가게 하여 아해로 하여금 교육을 완전히 받게 할지니라[42]

주일학교라는 것은 "예수교 도덕"을 가르쳐서 하나님을 믿게 하여 완전히 깨끗한 품성을 만들어 주는 것을 목적으로 하는 것이라고 말했다. 도덕과 종교를 가르치는 곳이 주일학교의 목적이라고 밝혔다.[43]

다음으로 아동의 연령별 발달에 따른 학급 편제에 대해서는 1909년 교재에서부터 설명되었다. 『교사량성 쥬일학당교과셔』에서는 미국 공

---

[42] 위의 책, 2쪽.
[43] 위의 책, 3쪽.

립학교의 학급 편성에 따라 주일학교의 학급 편성도 이루어져야 한다는 것이다. 즉 초등유치반은 3세부터 6세까지이며, 유년반은 6세부터 9세까지, 소년반은 9세부터 12세까지, 중등반은 12세부터 16세까지, 고등반은 16세 이상으로 구분하였다.[44]

1922년 한석원의 번역서인 『최근쥬일학교론』에서는 어린이의 나이별 교육 단계를 요람과는 만 4세까지, 유치과는 4세-5세, 초등과 6세-8세, 소년소녀과 9세-12세, 중등과 13세-16세, 고등과 17세-20세, 장년과 20세 이상, 가정과는 주일학교에 출석할 수 없는 사람 등으로 구분하였다.[45] 홍병선의 『근세쥬일학교교슈법』에는 영아명부과 0세-3세, 유치과는 4세-5세, 초등과는 6세-8세, 소년과는 9세-12세, 중학과는 13세-15세, 청년반은 16세-20세, 장년반은 21세 이상, 가정부 등으로 나누었다. 이를 〈표 5〉로 표시하면 다음과 같다.

학급 분류는 1909년 크램의 편역서에 의해 소개된 이후 1922년 한석원의 번역서에서 다시 소개되었다. 이 책에서는 이전보다 더 정밀하게 분류되었다. 홍병선은 이와 같은 분류 체계를 기준으로 한국의 주일학교 상황에 맞게 재분류했던 것으로 보인다.

이러한 여러 가지 분류는 조선 주일학교 학제가 정착화하는데 영향을 주었다. 1934년 감리회 제2회 총회에서는 기존의 여러 가지 주일학교 학제를 참고로 해서 조선의 국민학교 학제에 맞추어서 주일학교 학제를 규정하였다.[46]

교수법에 대해서는 다음과 같았다. 1909년 『교사량성 쥬일학당교과

---

44) 하밀, 크램 옮김, 앞의 책, 120쪽.
45) 한석원, 앞의 책, 14쪽.
46) 윤춘병, 앞의 책, 119쪽.

<表 5> 주일학교 교사양성 교재들의 학급 분반

『교사량성 쥬일학당교과셔』 (1909, 크램 편역)		『최근쥬일학교론』 (1922, 한석원 번역)		『근세쥬일학교교슈법』 (1922, 홍병선 저)	
초등유치반	3세-6세	요람과	만 4세까지	영아명부과	0세-3세
유년반	6세-9세	유치과	4세-5세	유치과	4세-5세
소년반	9세-12세	초등과	6세-8세	초등과	6세-8세
중등반	12세-16세	소년소녀과	9세-12세	소년과	9세-12세
고등반	16세 이상	중등과	13세-16세	중학과	13세-15세
		고등과	17세-20세	청년반	16세-20세
		장년과	20세 이상	장년반	21세 이상
		가정과	주일학교에 출석할 수 없는 사람	가정부	주일학교에 출석 할 수 없는 사람

서』에서는 교수법으로 성경문답, 기억연습, 복습, 필기 복습 시험 등을 제시하였다.[47)]

1922년도에 출간된 전술한 세 종류의 책 중에서 어린이를 위한 교수법을 가장 자세하게 기술한 책은 남궁혁이 번역한 『최신유년쥬일학교교슈법』이었다. 이 책에서는 훈련방식으로는 해석법, 문답식, 이야기 방식, 예화의 재료, 행위적 표시, 연극적 표시, 수공, 종이 사용, 모래, 교안 작성 등에 대한 것을 매우 구체적으로 설명하였다.

훈련방식에서 해석법이라는 것은 어린이들에게 공과를 가르칠 때에 먼저 적당한 설명을 하라는 것이었다. 예를 들어 시편 23편이나 주기도 문 등에 대해 암기를 시킬 때 먼저 설명을 해야 어린이들이 이해를 한다는 의미였다. 문답식은 교사와 학생이 서로 묻고 대답하는 것인데, 교사가 문제를 학생에게 제시하면 학생이 대답 혹은 토론을 하게 하는

---

47) 하밀, 크램 옮김, 앞의 책, 190쪽.

것이라고 설명하였다.

그 다음으로 중요하게 설명한 것이 반드시 어린이들이 실생활에서
실천을 할 수 있도록 해야 한다는 것이었다. 그 실천행위는 기독교윤
리인 부모와 선생에게 순종하기 및 이웃을 사랑하기 등에 대한 것이었
다. 그것에 대하여 다음과 같은 예를 제시하였다.

> 부모와 선생에게 대하여 지체하지 않고 기쁜 마음으로 순종하는 마음이
> 생기게 할 것
> 집에서 부모를 잘 도와드리게 할 것
> 학교에서 교재를 나누어주어 거두어드림으로써 선생을 도와주는 일을
> 하게 할 것
> 일할 때나 유희할 때에 다른 사람을 도와주는 정신이 생기게 할 것
> 부모를 존경하게 할 것
> 모든 사람에게 친절하게 하되 특별히 노인을 대접하게 할 것
> 하나님의 만드신 물건에 대하여 친절함을 나타내게 할 것
> 일할 때에 부지런히 하고 장난할 때에 정직하게 할 것
> 범사에 정직하고 욕심이 없으며 지체하는 것이 없게 하며
> 감사절에 실과와 채소를 가난한 사람에게 나누어 줄 것
> 구주성탄에 돈과 음식과 의복 같은 것을 선사하게 할 것
> 병원이나 고아원이나 각 선교회에 공책, 그림, 신문 등을 보내줄 것
> 부활주일에 꽃과 화분을 병든 사람에게 보낼 것
> 병든 어린이나 다른 이유로 주일학교에 오지 못하는 어린이들에게 공과
> 지를 보낼 것[48]

마지막으로는 어린이들에게 성경 내용을 보다 더 잘 이해시키기 위

---

48) 멍커스, 남궁혁 옮김, 앞의 책, 101~102쪽.

해서는 연극, 그림그리기, 종이접기, 종이오리기, 진흙으로 모형 만들기, 모래상자 이용하기 등을 제안하였다.

홍병선은 『근세쥬일학교교수법』에서 수공재료로 유대 지도 그리기, 성경 필사, 성경에 나오는 새와 나무 그리기 등을 위해 지필묵, 오색물감, 널빤지, 환등 등의 도구가 반드시 필요하다고 주장하였다.[49] 그리고 상벌제도의 사용을 적극 권하였다. 홍병선은 좋은 행위는 상을 주어 더욱 권하여야 하며, 나쁜 행위에 대해서는 벌을 주어 책망을 반드시 해야 한다고 설명했다. 상을 주는 데는 다음과 같은 규칙을 정할 것을 권하였다.

예를 들어 주일날 친구를 일으켜 준 것, 친구가 담배 주는 것을 거절한 것, 길 잃어 버린 어린이를 그 어린이 집까지 찾아서 데려다준 일, 불쌍한 병신 거지를 밥 준 일 등이 상을 줄 일이며 이외에 시험성적, 출석 등을 잘 점검해서 세달, 여섯달, 아홉달, 열두달 등으로 구분해서 점점 큰 상을 주라는 것이었다. 상은 딱지, 성경, 찬미, 공책, 연필, 표창장, 휘장, 우승기 등을 주는 것이 좋다고 권하였다. 벌에 대해서는 때린다든지 많은 학생들 앞에서 망신을 주는 것이 아니라 자기 양심에 부끄럽게 하는 것이라고 설명하였다. 나쁜 행위를 했으면 어린이를 교장 혹은 교사가 따로 조용히 불러서 타이르고 함께 기도할 것을 제시하였다. 이외에 어린이들이 고아원, 평양맹아학교 등에 돈을 모아서 보낸다든지 해서 자선심과 남을 위하여 돈을 사용하는 습관을 길러주는 것이 중요하다고 강조하였다.[50]

1930년대 이후 한국인들에 의한 아동중심교육학 교재가 출판되기 시

---

[49] 홍병선, 앞의 책, 36쪽.
[50] 위의 책, 82~85쪽.

작하였다. 이 교재들은 1909년에 한국에 소개된 하밀의 책과 1922년 출간된 세 종류의 교재 등에 의해 영향을 받았던 것이라고 할 수 있다. 대표적으로 김준옥이 1930년 출간한『주일학교교수원칙』과 배덕영이 1935년에 출간한『주일학교 조직과 관리』등을 들 수 있다.[51]

Ⅴ. 나가는 말

이 글에서 살펴본 것은 근대전환기 서구의 기독교윤리 교육과 주일학교의 아동중심교육학의 도입에 대한 것이었다. 먼저 고찰한 것은 주일학교의 도입과 제도적 발전이었다. 이어서 주일학교 교사를 양성하기 위해 사용한 아동중심교육학 교재에 대해 검토하였다. 마지막으로는 주일학교 아동중심교육학 교재 분석을 통해 서구 기독교윤리의 아동교육방식에 밝혔다.

이에 대해 정리하면 다음과 같다. 근대전환기 한반도에 서구 제국주의가 상륙하면서 기독교도 함께 들어왔다. 이러한 외적인 변화에 의해 조선을 오백년간 지배해 온 유교적 질서에 균열이 발생하였다.

서구의 근대사상이 그 자리를 차지하기 시작했다. 내한선교사들은 유교의 도덕적 윤리를 비판하며 서구의 기독교윤리를 주장하였다. 내한선교사들은 한국인들에게 서구의 기독교윤리를 개인과 사회의 규범으로 내면화 및 확산시키기 위하여 근대 교육사업을 전개하였다. 교육사업은 일반교육과 종교교육으로 구분해서 시행되었다. 종교교육은

51) 김준옥,『주일학교교수원칙』, 연회주일학교부, 1930; 배덕영,『주일학교 조직과 관리』, 기독교 조선감리회 총리원교육국, 1935.

사경회와 주일학교 운영을 통해서 이루어졌다. 한국인들은 주일학교 교사 양성을 통해서 서구의 근대교육학, 학생들은 서구의 근대교육방식을 접할 수 있었다.

근대전환기 한국에서 주일학교 제도는 초기 사랑방에서 운영하던 성경반에서 시작되었다. 유년주일학교라는 명칭을 사용하면서 주일학교를 처음 운영한 선교사는 노블 부인이었다.

1905년 '재한복음주의 통합선교공의회' 산하에 주일학교위원회가 설치되면서 주일학교 제도가 체계적으로 운영되기 시작하였다. 1907년에는 독노회가 조직되자 그 산하에 '주일학당위원회'가 설치되었다. 1908년에는 미국 세계주일학교연합회 하밀의 내한을 계기로 여러 교파의 선교사들은 세계주일학교연합회 한국지부를 결성하였다. 1911년 4월 세계주일학교연합회의 특별위원인 브라운의 내한으로 '주일학교실행위원회', 1922년 11월 한국인들에 의해 '조선주일학교연합회'가 조직되었다. 연합회의 총대는 총 10개 단체의 대표 27명이었다.

장로교 총회에서는 1926년 주일학교부를 종교교육부로 이름을 바꾸고 기독교교육의 여러 분야를 개발함과 동시에 주일학교 공과를 발행하였으며, 성경통신교육을 시작하였다. 장로교에서는 이와 같이 주일학교운동을 매우 적극적으로 전개하였다. 연합회는 장로교 중심으로 발전을 했다. 그러자 감리교에서는 1928년 제7회 총회에 "감리교 종교교육협회"를 조직하여 주일학교운동에 박차를 가하였다. 주일학교가 이와 같이 제도적으로 발전하게 되자 교사 양성을 위한 아동중심교육학 교재를 필요로 하였다.

주일학교 운영에 관한 조직과 관리, 교육에 필요한 아동심리학 및 교수법 등의 아동중심교육학 교재로서 지금까지 밝혀진 바로 가장 처음 출간 된 시기는 1909년이었다. 하밀이 미국에서 출판한 *Legion of Honor, Teacher Training Lessions*를 남감리교선교사 크램(W.G.Cram)이 편역해서 출간한『교사량셩 쥬일학당교과셔』였다. 이 교재에서는 성경의 신구약개론, 성지지리, 주일학교의 조직과 관리를 비롯해서 아동중심교육학과 관련된 아동심리학과 교수법 등을 다루었다. 이외에 아동부 예배 순서진행, 사무처리방법, 주일학당 순서 등도 함께 설명하였다.

그로부터 10여 년이 지난 1922년 한국인들에 의해 조선주일학교연합회가 조직되면서 아동중심교육학 교재가 여러 종류 출간되었다. 당시 조선주일학교연합회는 주일학교 교사 양성을 위한 시급성을 자각하고 있었다. 이러한 상황에서 세 종류의 아동중심교육학 교재가 발간되던 것으로 보인다. 먼저 멍커스(A. Munkres)의 *Primary Method in the Church School*을 1922년 남궁혁이 번역 출간한『최신 유년쥬일학교 교수법』을 들 수 있다. 이 책은 아동의 특징과 서구 기독교윤리를 아동에게 어떻게 교육학적으로 훈련시킬 것인가를 중점적으로 기술하였다.

두 번째로 들 수 있는 교재는 한석원의『최근 주일학교론』을 들 수 있다. 이 책은 당시 보스톤대학교(Boston University) 종교교육학 교수로서 미국에서 저명한 교육학자인 아던(W.A.Athearn)이 출간한 *The Church School*을 번역한 것이다. 이 교재에서 중점을 둔 것은 아동의 연령대 구별이었다. 좀 더 교육학적으로 접근하기 위해서 요람과, 유치과, 초등과, 소년소녀과, 중등과, 고등과 등으로 구분하고, 아울러 장년과도 함께 서술하였다. 이외에 가정과와 사범과에 대해서도 설명하였다.

세 번째로 들 수 있는 것은 홍병선의『근세 주일학교 교수법』이다. 이 책에서는 주일학교의 정의, 주일학교 역사와 현황, 아동의 특징, 주일학교의 학급 편성, 주일학교의 조직과 설비, 교사, 교수법, 관리법,

교수법 등을 종합적으로 설명하였다.

1922년에 출간된 아동중심교육학 교재는 1924년 조선주일학교연합회가 교사를 양성하기 위한 프로그램을 시작할 때 영향을 주었던 것으로 보인다.

내한선교사들은 주일학교 제도를 한국에 보편화시키기 위해 주일학교 교사 양성을 위한 교재를 편역 및 발간하였고, 한국인들은 내한선교사들과 함께 1922년 조선주일학교연합회를 조직하면서 주일학교 제도를 더욱 체계화시키기 위해 주일학교 교사를 위한 아동중심교육학 교재를 번역 혹은 저술하였다. 전술한 네 종류의 책들에서는 주일학교의 필요성, 주일학교 아동들의 연령별 학급 편제, 다양한 교수법 등을 제시하였다.

먼저, 주일학교 제도의 필요성에 대해서는 홍병선의 책에서 가장 자세하게 설명하였다. 그는 먼저 교육이라는 것은 사람을 가르쳐서 세상에서 살아가는데 유용한 인물을 양성하는 데 있다고 하였다. 그래서 교육을 육체적 교육, 지식적 교육, 도덕적 교육, 종교적 교육 등으로 구분하였다. 어린이가 도덕적, 종교적 교육을 받지 못하면 "병신"이 된다면서 인생의 근본은 종교에 있다고 강조하였다. 주일학교라는 것은 "예수교 도덕"을 가르쳐서 하나님을 믿게 하여 완전히 깨끗한 품성을 만들어 주는 것을 목적으로 하는 것이라고 말했다. 도덕과 종교를 가르치는 곳이 주일학교의 목적이라고 밝혔다.

다음으로 아동의 연령별 발달에 따른 학급 편제에 대해서는 1909년 교재에서부터 설명되었다. 이러한 분류는 조선 주일학교 학제가 정착되는데 영향을 주었다. 1934년 감리회 제2회 총회에서는 기존의 여러 가지 주일학교 학제를 토대로 조선의 국민학교 학제에 맞추어서 주일학교 학제를 규정하였다. 교수법에 대해서 1909년『교사량성 쥬일학당 교과서』에서는 성경문답, 기억연습, 복습, 필기 복습 시험 등을 들었다. 1922년도에 출간된 전술한 세 종류의 책 중에서 어린이를 위한 교수법을 가장 자세하게 기술한 책은 남궁혁이 번역한『최신유년쥬일학교교 슈법』이었다. 이 책에서는 훈련방식으로 해석법, 문답식, 이야기방식, 예화의 재료, 행위적 표시, 연극적 표시, 수공, 종이 사용, 모래, 교안 작성 등에 대한 것을 매우 구체적으로 설명하였다. 마지막으로는 어린 이들에게 성경 내용을 보다 더 잘 이해시키기 위해서는 연극, 그림그리기, 종이접기, 종이오리기, 진흙으로 모형 만들기, 모래상자 이용하기 등을 제안하였다.

홍병선은『근세쥬일학교교수법』에서 수공재료로 유대 지도 그리기, 성경 필사, 성경에 나오는 새와 나무 그리기 등을 위해 지필묵, 오색물 감, 널빤지, 환등 등의 도구가 반드시 필요하다고 설명하였다. 그리고 상벌제도의 사용을 적극 권하였다. 홍병선은 좋은 행위는 상을 주어 더욱 권하여야 하며, 나쁜 행위에 대해서는 벌을 주어 책망을 반드시 해야 한다고 설명했다. 상주는 데는 반드시 규칙을 정할 것을 권하였다.

1930년대 이후 한국인들에 의해 출판된 아동중심교육학 교재들은 1909년 한국에 소개된 하밀의 책과 1922년 출간된 세 종류의 교재 등에 의해 영향을 받았다.

제2부
학교 : 근대 학문 분야의 수용과 변용

식민지 시기
『심리학교과서』와 계몽

심의용

식민지 시기 『심리학교과서』와 계몽

Ⅰ. 최초의 심리학 교과서

대한제국 후기는 근대화와 국권 회복이라는 이중적 과제라는 목표를 가진 상황이었다. 이는 탈아입구(脫亞入歐)를 주장하는 일본과는 다른 상황이다. 일본과는 달리 문명화와 계몽과 함께 국권회복이 중요한 과제였던 것이다.

17, 18세기는 서양의 계몽주의가 유행하여 유럽을 장악한 시대였다. 이성과 과학에 대한 신뢰가 계몽주의를 관통하는 시대 정신이었다. 이러한 계몽은 곧 근대성(modernity)과 연결된다. 계몽주의는 이성, 해방, 진보라는 키워드로 이해하는 것이 가장 일반적인 관점이다.

이러한 계몽은 식민지의 입장에서 보자면 곧 야만을 억압하는 문명

일 뿐이었다. 이러한 억압적 문명은 식민지를 침탈하는 제국주의적 담론일 뿐이다. 문명화는 진보적 의미를 가지지만 계몽주의가 비서구 야만인에 강제한 문명화가 될 수도 있다. 또한 제국주의 팽창의 사상적 도구였던 것이다.

이런 점에서 본다면 동아시아의 19세기에 서양의 문명화 세력과 제국주의 세력이 물밀 듯이 들어왔다는 점에서 격변기였다. 동아시아의 중화주의가 해체된 19세기 이후의 시간은 문명을 전파하는 서구의 영향 아래에서 '근대'가 형성된 시기이다.

일본은 이런 근대화 작업에서 번역을 통해 적극적으로 서양 문물을 받아들였다. 일본은 서양 문명을 일방적으로 수용하고 번역한 것이 아니라 상호 영향을 주었다는 시각이 있다. 상호 접촉하고 영향을 주고 받아서 혼성되는 공간이라는 것이다.[1] 그럴지라도 일본제국이 수용하고 번역한 서양 문물을 식민지 조선은 다른 태도로 수용하고 번역했다.

『심리학교과서』는 1907년에 출간된 최초의 심리학 교육용 교과서이다. 한국 최초의 심리학 교과서이다.[2] 그러나 『심리학교과서』에 대한 기존의 연구는 전혀 이루어지지 않았다. 『심리학교과서』가 출간된 시기는 서양 문명이 적극적으로 수용되던 시기였다. 이 시기에 근대화와 국권 수호라는 이중적인 과제를 가지고 있었기 때문이었다. 특히 1905년 을사늑약 체결로 자주권을 상실하자 국권 회복을 위한 문명화와 근대화는 시급한 과제가 되었다.

물론 『심리학교과서』는 서양 심리학을 소개하는 교과서이다. 하지

---

1) 육영수, 「'식민지 계몽주의'에 관한 트랜스내셔널 시각과 비평−근대의 자원병 혹은 징집병」, 『세계역사와 문화연구』 41:1, 한국세계문화사학회, 2016, 3~9쪽.
2) 차재호, 「한국심리학의 발전과정과 현재」, 『한국사회과학』 27, 서울대학교 사회과학연구원, 2005, 167쪽.

만 단순히 서양 심리학을 소개하는 차원에 그친다고 볼 수 없다. 오히려 문명화와 근대화라는 역사적 맥락 속에서 고찰할 때 다른 측면들을 파악할 수 있을 것이다. 그것은 곧 문명화와 관련된 내용이고 또 하나는 일본제국으로부터 해방하여 국권을 회복하려는 관심들이다. 그것은 계몽과 자유이다.

II. 식민지시기 출판문화와 계몽

일본의 근대화 과정에서 메이지 초기의 번역이라는 문제를 분리시켜 생각할 수 없다. 19세기 후반 메이지 유신 전후 30, 40년 동안 일본은 방대한 서양 문헌을 일본어로 번역했다. 메이지시기 사회와 문화는 이런 기적적 번역 사업의 기초 위에서 성립되었다.

이것이 가능했던 이유는 필요성이 있었고 번역 능력이 있었기 때문이었다. 필요성이란 교섭 상대와 제도개혁의 모범으로서의 서양에 관한 정보의 필요성이다. 번역 능력이 충분히 갖추어진 이유는 일본어 안에 한자어가 포함되어 있기 때문이다. 한자어는 간결하고 추상적 개념을 포함하며 새로운 조합으로 신조어를 만들어 낼 수 있었다.[3]

당시 번역 작업을 담당했던 대표적인 집단이 메이로쿠샤(明六社)였다. 메이로쿠샤는 1874년 일본 최초로 성립된 학술, 문화 단체이다. 모리 아리노리(森有礼), 가토 히로유키(加藤弘之), 후쿠자와 유키치(福澤諭吉), 니시 아마네(西周) 등 당시 최고의 지식인들이 구성원이었다.

---

3) 카토 슈이치(加藤周一), 「메이지 초기의 번역 — 왜·무엇을·어떻게 번역했는가」, 『현대문학의 연구』 24, 한국문학연구학회, 2004, 460~477쪽.

주목할 점은 처음부터 서양의 학문을 공부한 것이 아니라 유학을 먼저 공부했다는 점이다. 일반적으로 메이로쿠샤 집단은 양학(洋學)에 중점을 두지만 구성원들의 공통적인 지적 기반은 유학 교육에 있었다.[4] 결국 메이로쿠샤 구성원의 공통점이 있다. 메이지 유신 이전 막부 말기에 정부 직할 번역기관에서 근무한 경험이 있다. 둘째 20대를 전후하여 전통적인 유학을 익혔고 이후에 서양학문을 배웠고 서양 언어에 능통한 '유교적 소양을 갖춘 집단'이라는 점이다.[5]

모두 유학이라는 공통적 지적 기반을 가지고 있는 사람들이라는 것이다. 메이지 시기 지식인들의 교양을 말할 때 유교를 떠나서는 생각할 수 없다.[6] 이러한 지적 기반을 가지고 있었기 때문에 서양 문명을 번역하고 수용하는 과정은 단지 서양 문명의 개념과 사상을 수용하는 지적인 차원에 그친 것이 아니다. 오히려 타자와의 대화를 통해 자기 정체성을 자각하는 문화적 실천행위였다.[7]

물론 이런 번역 작업은 서구의 충격에 대응하고 대외적 위기를 극복하기 위한 것이었지만 궁극적으로는 일본의 독립과 발전을 위한 것이었다. 때문에 메이지 초기의 번역에 공통적으로 나타나고 있는 성격은 '국가 중심적 사고'와 '국가의 개입'으로 나타나는 국가주의적 특질이었다.[8]

---

4) 이새봄, 「메이로쿠샤(明六社) 지식인들 논의에 나타난 다양성과 공존의 문제」, 『개념과 소통』 18, 한림과학원, 2016, 279~281쪽.
5) 박승희, 「메이지(明治) 초기번역의 국가주의적 성격에 관한 연구」, 한국외국어대학교 일본학과 대학원 석사학위 논문, 2008, 28~31쪽.
6) 신현승, 「西周의 번역어 창출과 중국의 유교」, 『일본사상』 22, 한국일본사상사학회, 2012, 87쪽.
7) 최경옥, 「메이지기 일본의 서양문명 수용과 번역」, 『번역학연구』 6, 한국번역학회, 2005, 15쪽.
8) 박승희, 앞의 논문, 67쪽.

이상의 연구 성과에 근거하면 메이지시기에 서양 문명의 번역은 일방적인 수입이 아니라 상호 영향을 주고받는 혼성적 사유였다. 여기에 한문과 유교가 번역의 지적 기반을 이루면서 국민국가 수립이라는 국가 목표를 지향하고 있었다. 때문에 번역은 단순한 번역이 아니라 번안(飜案)에 가까웠다. 결국 번역의 문제는 문화의 창조성 문제와 관련된다.[9]

식민지 시기 조선의 경우도 일본의 근대화 과정의 영향력 아래에 있었다. 그러나 서구 열강의 침탈과 식민지 지배 속에서 근대 문명의 수용 양상은 근대 문물을 수용하는 동시에 국권회복을 위한 자강의 필요성을 강조하게 되었다. 일본과는 달리 자주독립을 위한 계몽운동의 성격이 강했다.

주목할 점은 근대조선의 지식인은 일본의 '근대'에 의해 각성됨과 동시에 그것을 저항 극복해야 하는 이중적 고뇌를 가지고 있었다는 점이다.[10] 이런 이중적 고뇌에서 빈번하게 드러나는 감정은 체념과 무기력이었다. 1908과 1909년 무렵의 조선 민중은 여전히 자기 역사의 주인이 아니었다. 1910년대 소설과 논설에서는 빈번하게 조선 민중의 무기력을 묘사하는 내용이 많다.[11] 조선을 지배한 체념과 무기력은 사실의 진술이면서 계몽 담론의 내용이기도 했다.

이런 역사적 현실 속에서 지식인들은 민족을 계몽하고 지도할 사명을 자임했던 것이다. 따라서 교육을 통해서 국민을 계몽하거나 신지식

---

9) 메이지 시기 번역에 관한 문제는 카토 슈이치(加藤周一), 앞의 논문, 2004를 참조.

10) 양현혜, 「김교신의 '조선산 기독교'론과 우치무라 간조」, 『한국 근대지식인의 민족적 자아형성』, 소화, 2004, 95~96쪽.

11) 서호철, 「七情에서 '感情'으로－감정 관련 번역어의 수용과 사용」, 『사회와 역사』 118, 한국사회사학회, 2018, 60쪽.

의 보급에 노력하게 된다. 이를 위해 근대식 학교의 설립과 교과과정 개발 및 교과서 편찬이 활발하게 이루어지고 새로운 지식을 전할 수 있는 책의 편찬과 보급에 힘쓰게 되었다.

주목할 부분은 교육과 번역이다. 교육은 주로 국권과 민권을 지향하였다. 1894년 학무아문(學務衙門)에서 소학교 교과서를 편찬케 한 이후 각종 일본 교과서를 구입했다. 또한 1894년 갑오개혁 이후에 교과서 개발에 대한 논의가 이루어지기 시작했다.

이후 자주독립과 애국사상을 고취하는 각종 교과용 도서와 일반도서가 각지에서 출판되었다. 그러나 1908년에는 민간제작 교과용 도서는 117부였는데 인가를 받은 부수는 55부에 불과하고 발매 금지 처분에 의해 금서 39종에 달했다.

금서 가운데 1906년 보성관에서 발행된 윤리교과서인 『윤리학교과서』는 애국계몽적인 요소를 많이 담고 있었다. 그러나 '대한제국의 국권 회복을 선동하는 불온교과서'라는 낙인이 찍혀 1909년 일제 통감부에 의해 금서목록에 들어간 대표적인 서적이다.[12]

이런 점을 미루어 볼 때 개화기 10여 년에 걸쳐 간행된 교과용 도서들은 인문 사회 계통이나 자연계통을 막론하고 그 바탕에는 자주 독립 및 계몽사상이 깔려 있었음을 확인할 수 있다.[13]

이렇게 근대 초기 문명개화론은 국권회복을 위한 교육을 강조했다. 교육 과정의 개발은 교과서 개발의 문제와 긴밀하게 관련된다. 교과서 개발은 보다 구체적인 현실적 요구에 의해서 이루어졌기 때문에 서구

---

12) 권두연, 「보성관(普成館)의 출판 활동 연구」, 『현대문학의 연구』 44, 한국문학연구학회, 2011, 44쪽.
13) 허원, 「개화기 교과서의 계몽적 성격」, 『教育發展』 23, 서원대학교, 2004, 186~189쪽.

의 과학 지식의 내용을 담은 교과서의 개발이 필요하게 되었지만 서구 교과서를 직역해서 사용할 수 없는 한계가 있었다.[14]

그래서 구체적인 방법론이 현실화되기 시작하면서 1905년 이후로 민간 사학들이 세워지고 번역과 서적을 취급하는 민간 출판사들도 생겨났다. 학교와 출판사들이 생겨나는 것은 교육을 통해 계몽 운동을 확산하기 위해서이다. 서적 발행 및 보급이 학교 제도와 연결된 것은 학교에서 사용할 교과서를 출판할 부설 기관으로 출판사들이 생겨났기 때문이다.

이용익(李容翊)이 세운 보성학원(普成學院)과 민영휘(閔泳徽)가 세운 휘문의숙(徽文義塾)은 동시에 보성관(普成館)이나 휘문관 같은 출판 및 인쇄 기능을 담당할 기구를 함께 설치하여 교육활동을 보조했다. 이곳은 교과서뿐만 아니라 신지식층을 대상으로 하는 서적을 발행하는 등 애국적 출판활동의 중요한 근거지였고 여러 사회운동의 근거지였다.[15]

여기서 출간된 책들은 역사, 법 등 다양한 영역을 포함하고 양적으로도 상당히 많다. 이렇게 단기간에 다양한 영역을 출판할 수 있었던 이유는 보성관에 번역원이 있었기 때문이다. 편집부 및 번역부가 있어서 여기에 전문번역원을 비롯하여 교열자, 발행자, 인쇄자 등이 있었다.

이러한 전문 출판 기관은 메이로쿠샤 구성원들처럼 계몽 활동과 구국 운동을 힘쓴 사람들이었다. 보성관 번역원들은 단지 교과서를 편찬하기 위해서 모인 것은 아니었다. 번역된 책은 단지 교과서만이 아니라 다른 책들도 있었다. 이러한 책들의 선택한 것은 번역원들의 활동

---

14) 李海明, 「개화기 교육목표와 교과서 내용과의 차이점 연구」, 『論文集』, 단국대학교, 1998, 20쪽.

15) 권두연, 앞의 논문, 7~9쪽.

과 무관한 일은 아니었을 것이다. 즉 "서적 생산의 주체와 관련해서 이 서적들이 전달하는 메시지가 보다 '정치적'으로 읽혀질 가능성을 야기한다."[16]

『심리학교과서』는 바로 보성관에서 1907년 7월 20일에 인쇄하고 7월 30일에 발행한 교육용 교과서이다. 이를 번역한 김하정(金夏鼎)은 1904년 6월 23일 관립 한성중학교 심상과 1회 졸업생이고 대한제국관원으로 관립 한성고등학교 교관이었다. 그는 경기학교 일어·산술 교사 및 기호흥학회월보 저술원을 지냈고 『야뢰(夜雷)』에 "부호의 자제와 빈궁한 청년"이란 글을 투고한 바 있다.[17] 김하정은 관립한성중학교 졸업 후에 바로 주임관으로 채용되었는데 "이 학교 출신자 중에는 이례적인 일"로 "본인이 상당한 문벌출신이었기 때문"이라고 한다.[18]

김하정의 『심리학교과서』는 서양 심리학을 직접 번역한 책은 아니다. 분명 일본이 서양 문명을 번역한 문헌들을 취사선택하여 종합하고 번역했다. 분명한 것은 단순한 번역이 아니라 번안에 가깝다는 것이다. 『심리학교과서』의 내용은 일본의 서양 문명 번역 과정과 밀접하게 관련이 있지만 거기에는 식민지 시기 조선이 일본이 수입한 근대를 받아들이는 모습을 살펴볼 수 있다.

심리(心理)는 동아시아 문화권에서는 없었던 말이다. 이는 니시 아마네가 만들어 낸 말이다. 이런 측면에서 먼저 일본이 심리학을 어떻게 수용하여 창조했는지를 살펴보아야 어떤 맥락이 『심리학교과서』에 반

---

16) 위의 논문, 33쪽.
17) 康允浩, 「개화기의 교과용도서(2)」, 『한국문화연구원논총』 11, 이화여자대학교 한국문화연구원, 1967, 32쪽.
18) 후루카와 아키라(古川 昭), 李成鈺 옮김, 『구한말 근대학교의 형성』, 2006, 188쪽; 권두연, 앞의 논문, 31쪽 각주 58에서 재인용.

영되었는지를 분석할 수 있을 것이다.

Ⅲ. 심리(心理)의 탄생

메이지시기 일본 근대화 과정에서 활동한 메이로쿠샤(明六社) 학자들에 대한 연구가 활발하게 이루어지고 있다. 이들의 중요한 특징은 한학과 양학(洋學)에 대한 소양을 모두 갖춘 사람들이라는 점이다. 그래서 전통과 근대 혹은 동양과 서양을 '겹쳐서 보는' 시선이 당시 양학을 수용하는 특징이었다.[19]

마루야마 마사오(丸山眞男)는 19세기 계몽사상가인 후쿠자와 유키치(福澤諭吉)의 실학사상을 '도리(道理)에서 물리(物理)로의 전회'라고 표현했다. 즉 전통 유학인 주자학이 강조하는 도리에서 서양 과학 문명이 말하는 물리로 전환된 것이 19세기 메이지시기 근대 일본 문명의 변화라는 것이다.[20]

이런 시각은 주자학적인 윤리(倫理)에서 벗어난 자연과학으로서의 물리(物理)가 메이지 시기 과학주의를 만들었다는 논의는 가능하겠지만 물리와 대립되는 심리(心理)가 생겨나게 되는 배경을 이해하는 데에는 한계를 가진다. 오히려 물리와 심리의 대립을 의식하고 있었던 니시 아마네(西周)의 논의로부터 『심리학교과서』를 이해하는 틀을 얻을 수 있다.

---

[19] 金度亨, 「근대초기 일본 양학(洋學)수용의 유교적 맥락 – 가토 히로유키(加藤弘之)의 도나리구사(鄰草)를 중심으로」, 『일본학보』 99, 한국일본학회, 2014, 378쪽.

[20] 김성근, 「메이지 일본의 과학과 제국주의 – 스기우라 주고(杉浦重剛)의 '이학종(理學宗)'을 중심으로」, 『동서철학연구』 82, 한국동서철학회, 2016, 530~532쪽.

니시 아마네는 메이로쿠샤 집단의 일원이며 대표적인 계몽주의자이다. 그는 전통 유학의 중요한 개념인 리(理)를 물리(物理)의 영역과 심리(心理)의 영역으로 재해석하여 이해했다. 그는 「백일신론(百一新論)」(1874)에서 전통 유학의 리(理)는 물리와 심리를 연속된 것을 생각하여 물리가 심리를 지배하거나 심리가 물리에 영향을 미친다고 보아 망상의 근원이었다고 비판하고 리를 물리와 심리로 구분하여 서로 간섭하지 않는 것으로 인식해야 한다고 주장했다.21)

그럴 때 철학(philosophy)은 정(政)과 분리된 교(敎)이고 궁극적으로 백교(百敎)를 일치시키는 학문이다. 또한 물리와 심리를 구분함으로써 교(敎)를 새롭게 세우는 학문이 철학이다. 니시 아마네는 서양이 말하는 리(理)와 전통 유학 특히 송학(宋學)에서 말하는 리의 이질성을 의식하고 송학의 리에 대해 부정했던 것이다. 이런 구분에 따라 당시 서양의 자연과학에서 말하는 물리를 수용했다고 평가받는다.22)

물론 마루야마 마사오의 논리는 어느 측면에서 타당하지만 물리에 대한 메이지 시기 사람들의 이해를 단순화시킨 것이다. 분명 서양 과학의 물리를 수용하는 것이 계몽사상의 중요한 부분이었지만 반드시 심리에서 물리(物理)가 단절된 것은 아니었다. 이 둘 사이의 문제가 중요한 문제였다.

「백일신론」 이후의 저작에서 니시 아마네의 과제는 물리와 심리를 구분하는 것에 있었던 것이 아니었다. 오히려 물리와 심리가 연결되는

---

21) 김성근, 「메이지 일본에서 '철학'이라는 용어의 탄생과 정착―니시 아마네(西周)의 '유학'과 'philosophy'를 중심으로」, 『동서철학연구』 59, 한국동서철학회, 2011a, 372~374쪽.
22) 김성근, 「니시 아마네(西周)에 있어서 '理' 관념의 전회와 그 인간학 취약성」, 『대동문화연구』 37, 성균관대학교 대동문화연구원, 2011b를 참조.

지점에 있었다. 즉, 니시의 통일 과학은 물리와 심리의 연결 위에 인간학으로서의 철학을 구축하려는 시도에 다름 아니었다. 그러나 결국 그의 니시 아마네의 이런 시도는 미해결의 상태로 남겨지고 말았다.[23]

니시 아마네의 문제는 결국 물질과 정신의 문제 혹은 몸과 마음의 문제였다. 비록 실패로 끝났지만 그가 심리를 어떻게 이해했는가 어떤 틀 속에서 논의했는가를 살펴봄으로써 『심리학교과서』에 나온 내용을 고찰하는 전제로 삼고자 한다.

심리(心理)라는 말은 동아시아 문헌에서 사용되지 않은 말이다. 니시 아마네는 심리라는 용어를 처음에는 학문적 분류 개념으로 사용하였다. 「백학연환(百學連環)」(1870)에서 니시 아마네는 학문을 보통학술(普通學術)과 수별학술(殊別學術)로 구분한다. 수별학은 물리상학(物理上學, Physical Science), 심리상학(心理上學, Intellectual Science)으로 구별된다.

보통학은 기초학문에 해당한다. 역사, 지리학, 문장학, 수학이 해당한다. 물리상학에는 격물학(格物學, Physics), 천문학, 화학, 조화사(造化史)가 포함되고 심리상학에는 신리학(神理學, Theology), 철학(哲學, Philosophy), 정사학(政事學), 제작학(制産學), 통지학(計誌學) 등이 포함된다.[24]

물리상학은 지금으로 말하면 자연과학이고 심리상학은 인문과학이다. 전통 유학은 심리상학의 한부분인 철학에 속한다. 여기에서 물리와 심리가 구분된다. 즉 물질과 정신이라는 이분법으로 나뉘는데 심리라는 말은 정신 일반을 지칭하는 말로 쓰이는 것이다. 물리를 심리로부터 독립시켜서 서양 자연과학의 연구가 가능했다.

---

[23] 김성근, 앞의 논문, 2016, 544쪽. 니시 아마네의 구상과 실패에 대해서는 김성근, 「니시 아마네(西周)에 있어서 '理' 관념의 전회와 그 인간학 취약성」, 2011b에서 자세하게 논의된다.

[24] 김성근, 위의 논문, 2011b, 213쪽.

니시 아마네는 「지설(知說)」(1874)에서 마음(心)을 지(智, intellect), 정(情, sensibility), 의(意, will)로 구분한다. 인간의 마음(人心)에서 지가 정과 의를 복종시키는 가장 강한 것이라고 한다. 흔히 일반적으로 인간의 정신 영역을 지, 정, 의로 구분하는 방식은 여기로부터 비롯되었다.

이렇게 정신 일반을 의미하는 심리라는 말을 니시 아마네는 사이코로지(psychology)를 번역하는 데에 사용하여 심리학(心理學)라고 했다. 그러나 사이코로지는 처음에 성리학(性理學)으로 번역되었다. 다양한 신조어(造語法)와 서양 학문에 대해 설명하고 있는 『생성발온(生成發蘊)』(1873)의 주석에 이 성리학에 대한 설명이 나온다. 먼저 성리(性理)의 학(學)으로서 공자, 맹자 등의 설명을 간단하게 하고 성리학 번역어에 대해 다음과 같이 말한다.

> 성리학은 영어의 サイコロジ(사이콜로지), 프랑스어의 プシコロジー(푸시콜로지). 모두 희랍의 プシケー(푸시케) 이는 魂 혹은 心이라는 뜻이며, ロジー(로지)는 論이라는 뜻에서 왔다. 단 이는 동주(동양)의 성리라는 글자에 비하면 전적으로 영혼의 體를 논하는 것이며, 이는 심성이라는 용법을 논한다는 차이가 있다. 그러나 대체로 보면 닮아 있으므로 이를 성리라고 번역한다.25)

성리(性理)는 전통 주자학에서 흔히 사용하는 말이다. 인용문에서도 '동양의 성리'라는 말을 쓰고 있듯이 전통 유학의 맥락 속에서 먼저 사이콜로지를 이해하는 맥락이었다는 뜻이기도 하다. 사이콜로지는 이처럼 먼저 성리학(性理學)으로 번역되었다가 최종적으로 심리학(心理學)

25) 허지향, 「니시 아마네(西周), 「생성발온」(生性發蘊)」, 『개념과 소통』 22, 한림과학원, 2018, 357쪽.

으로 번역되었다.

필로소피를 리학(理學)이나 희현학(希賢學) 등 유학의 용어를 버리고 철학(哲學)을 택한 이유가 유학과 필로소피의 차이를 명확하게 인식했기 때문이다.[26] 마찬가지로 일반적인 학문분류로서 사이코로지를 성리학에서 심리학으로 택한 이유도 전통 성리학과의 차이를 분명히 인식했기 때문일 것이다. 심리(心理)는 이제 인문과학으로서 심리상학의 한 분과인 철학의 영역에 속하는 사이코로지라는 학문의 번역어가 된다.

니시 아마네에게서 '물리학상'에서 말하는 물리는 물리학(physics)에서 말하는 물리와는 좀 다른 의미이다. 자연과학 일반이 대상으로 하는 것을 통칭한다. 이 물리는 인간의 심리(心理)와는 달리, 항상 일정해서 인간의 힘으로 변화시킬 수 없는 것을 의미했다. 물리학(physics)은 격물학(格物學)으로 번역했다. 그래서 '물리(物理)'에서 '물(物)'은 물리, 생명, 화학 등의 제반 현상을 포함하는 개념이었지만, '격물(格物)'에서 '물(物)'은 matter를 의미했다.[27]

앞에서 말한 성리(性理)는 interior, 내부를 말하고 격물(格物)은 exterior, 외부를 말한다. 성리가 감각과 관련된 내용과 心과의 관계로부터 발생하는 가치를 다루는 학문이고 격물은 감각과 관련된 외물(外物)과 다른 외물과의 관계를 다루는 학문이다.[28]

성리학으로 번역했던 사이콜로지를 1년 뒤 심리학이라는 용어로 바꾼다.[29] 니시 아마네는 물리와 심리를 대립적으로 사용하여 논의한다.

---

[26] 김성근, 2011a, 374쪽.

[27] 김성근, 「니시 아마네(西周)의 과학개념 – '學', '物理', '格物'을 중심으로」, 『동서철학연구』 73, 한국동서철학회, 2014, 228쪽.

[28] 위의 논문, 224쪽.

[29] 신현승, 앞의 논문, 101쪽.

심리(心理)는 피직스(physics)의 물리처럼 마음의 원리가 있다는 의미를 드러낸 것이다.

니시 아마네는 『심리학교과서』에서도 흔히 사용되는 귀납(歸納), 연역(演繹), 총합(總合), 분해(分解)와 분석(分析) 등 학술 개념과 관념(觀念) 같은 용어를 만들어내었다. 『심리학교과서』에서도 니시 아마네의 이러한 번역어가 사용되고 있다. 일반적으로 니시 아마네와 후쿠자와 유키지(福澤諭吉)가 일본에 과학적 심리학과 서구 사상을 도입했다고 알려져 있다.

유럽에서 돌아온 니시 아마네는 조셉 해븐(Joseph Haven)의 *Mental philosophy*를 번역하였다.[30] *Mental Philosophy*는 1857년 출간된 책으로 부제가 Including Intellect Sensibilities, and Will이다. 이런 구분은 니시 아마네가 마음을 智·情·意로 구분하는 것과 동일하다. 이런 구분은 『심리학교과서』에도 유사하게 드러나고 있다.

일본의 근대화 이후로 일본 심리학도 서양 문명의 영향을 받았다. 후쿠자와 유키지는 게이오 대학을 설립하였는데 1881년 교과과정에 심리학이 도입되었다. 1885년 미국에서 박사학위를 받은 모토라 유우지로(元良勇次郎, 1858-1912)는 1877년에 설립된 최초의 국립대학인 동경대학에서 심리학을 강의하였다.[31]

일본은 가장 오랜 실험심리학의 역사를 지니고 있다. 모토라 유우지로는 이 분야의 개척자였다. 모토라 유우지로는 '동양철학에 있어서의 自我의 槪念'(The concept of Self in the Oriental Philosophy)이라는 논문을 1905년

---

30) Takayoshi Kaneko, 「일본에서의 심리학의 발전과 현 위상」, 『한국심리학회 93연차 대회 학술발표논문집』, 한국심리학회, 1993, 15쪽.
31) 李義喆, 『心理學史』, 서울대학교출판부, 1971, 487쪽.

로마에서 열린 제7회 국제심리학회에서 최초로 禪에 관한 심리학적 연구를 발표했다.[32] 이런 점에서 보면 일본 심리학은 단순하게 서양 심리학을 수용하는 차원이 아니라 동아시아적 맥락 속에서 논의되고 있음을 알 수 있다.

이상과 같이 일본에서 심리학의 번역과 수용은 전통 유학의 용어가 개입되었음을 알 수 있다. 아마도 『심리학교과서』는 이러한 서양 심리학을 수용한 일본의 번역서를 저본으로 해서 이루어졌을 것이다. 『심리학교과서』가 발행된 시기는 1907년이므로 주로 분트 심리학과 영국의 심리학이 발전하던 시기이다. 『심리학교과서』는 그 당시 일본의 이런 연구 성과가 반영된 책일 것이다.

Ⅳ. 『심리학교과서』에 나타난 심리적 구조

『심리학교과서』와 일본 심리학의 영향 관계를 고려할 때 주목해야 할 문헌은 니시 아마네의 『해반씨심리학(奚般氏心理學)』(1878)과 이노우에 데쓰지로(井上哲次郎)의 『배인씨심리신설(倍因氏心理新說)』(1886)이다.

『심리학교과서』는 번역책이지만 정확하게 어떤 서적을 번역했는지는 확실하지 않다. 단순한 번역이 아니라 당시 일본에서 연구된 서양 심리학의 성과들을 종합적으로 연구하여 김하정이 번역하고 정리하고 서술한 책일 가능성이 높다.

『심리학교과서』는 총 11장으로 구성되어 있다. 1장 서론, 2장 감각(感覺), 3장 지각(知覺), 4장 관념(觀念), 제5장 판단(判斷), 6장 추리(推理), 7장

---

32) 李義喆, 앞의 책, 485쪽.

정념(情念), 8장 욕념(欲念), 9장 의지(意志), 10장 주의(注意), 11장 행동(行動)으로 구성되었다.33)

니시 아마네가 마음을 지·정·의로 구분했듯이 전체적인 구성은 지·정·의로 구별할 수 있다. 감각, 지각, 관념, 판단, 추리가 지의 영역에 해당하고, 정념과 욕념이 정의 영역에, 의지, 주의, 행동이 의의 영역에 해당한다.

이러한 지정의의 구분법은 당시 일본에서는 일반적인 심리학적 구분이었다. 니시 아마네는 『해반씨심리학』이 1878년에 번역되었고 이노우에 데쓰지로의 『배인씨심리신설』이 1886년 번역되었으니 1907년에 김하정이 역술한 『심리학교과서』도 이 두 권의 영향을 받았을 것이다.

『해반씨심리학』의 저본인 조셉 해븐의 *Mental philosophy*의 목차도 부제인 Including Intellect Sensibilities, and Will에서 알 수 있듯이 크게 3가지로 구분된다. 크게 지적인 능력들(the Intellectual faculties), 감성들(the sensibilities), 의지(the will)로 구분된다. 지적인 능력들에서는 의식, 주의, 개념이 있고 감각, 지각, 기억, 상상 등을 다룬다. 감성들에서는 simple emotion, affections 등을 다루고 의지에서는 자유의지 등을 다룬다.34)

니시 아마네는 『해반씨심리학』도 이와 유사한 목차를 가진다. 크게 3부분으로 구분된다. 서언의 '心力의 分解와 종류를 논한다'는 편에서 마음(心意)의 형상을 3가지로 구분한다. 지적 능력인 '意思', 무엇인가를 느끼는 능력인 '感動', 어떤 정서에 따라서 행위를 일으키게 하는 능력인 '執意'이다. 그리고 의사의 능력을 '智'라 하고 감동의 능력을 '情'이라 하고 마음의 발작 능력을 '意'라고 한다.35)

---

33) 김하정 譯述, 『심리학교과서』, 숭실대학교 한국기독교박물관, 1907 목차.
34) Joseph Haven, *Mental philosophy*, New York: Sheldon and Company, 1882.

결국 마음을 지·정·의로 구분한 것이다. 전체적인 목차도 크게 구분하면 지(智)의 능력을 논하는 부분과 정(情)을 논하는 부분과 의(意)를 논하는 부분으로 나뉜다. 세부적으로 '지의 능력을 논하는 부분'에 의식(意識), 표시력(表示力), 재현력(再現力), 반사력(反射力), 직각력(直覺力)이 있고 '정을 논하는 부분'에 단순한 정서(情緒), 정관(情款論), 욕론(欲論)이 있고 '의를 논하는 부분'에서 의의 상태나 다른 심리와의 관계 등을 논하고 있다.36)

이노우에 데쓰지로의『배인씨심리신설』도 유사한 목차이다. 총론에서 의식에 관해 논의하고 1권 운동감각과 근감(筋感)에서 감각, 체욕(體欲), 원지(原知)를 다루고 2권 지력(知力)에서 인식과 관념의 문제, 언어, 연합의식, 유사율, 복잡연합, 구조연합, 추상관념, 지식의 연원, 외부 지각 등을 다루고, 3권 정서(情緒)에서 다양한 감정들을 분석하고 있고 4권 의지(意志)에서 집의(執意), 수의력(隨意力), 감정과 사고의 지배, 도덕의 습관, 자유 및 필요 등을 다루고 있다.37) 크게 지력(知力), 정서(情緒), 의지(意志)로 구분된다.

이런 구분은 모두 지·정·의의 구분에 해당한다. 이런 '지정의'론의 분류 방식은 18세기 독일의 볼프와 칸트 등의 이론으로 일본근대의 계몽주의 사상이 이에 기초하고 있다고 평가한다. 또한 조선의 일본유학생 또한 대부분 이를 받아들이고 있었던 것이다.38)

---

35) 西周 譯,『奚般氏心理學』, 1878, 34面.

36) 西周 譯,『奚般氏心理學』, 国立国会図書館テシタルコレクション, 1878 참조.

37) 井上哲次郎 譯,『倍因氏心理新說』, 国立国会図書館テシタルコレクション, 1886, 목차 참조.

38) 정병호,「한일근대문예론에 있어서 정(情)의 위치-지(知)·정(情)·의(意)의 범주를 중심으로」,『亞細亞文化研究』8, 韓國暻園大學校 아시아文化研究所, 2004, 281쪽.

이광수도 「文學의 實效」에서 "近世에 至하여 人의 心은 知·情·意 三者로 作用되는 줄을 知하고"라는 말을 하고 있듯이, 이광수의 문학론에서 '정'의 개념을 위치시키는 논리적 범주인 '지정의'도 일본의 서양 심리학 수용과 밀접하게 관련이 있다.[39] 이는 니시 아마네 등 메이로쿠샤의 계몽사상가들에 의해서 유포된 것이다.

『심리학교과서』도 이러한 틀을 따르고 있다. '감각, 지각, 관념, 판단, 추리'가 지(知)에 해당하고 '욕념과 정념'이 정(情)에 해당하고 '의지, 주의, 행동'이 의(意)에 해당한다고 볼 수 있다. 『해반씨심리학』, 『배인씨심리신설』과 『심리학교과설』를 비교할 때 전체적인 큰 틀은 유사할 수 있지만 세부적인 목차는 다르다.

때문에 『심리학교과서』는 어떤 하나의 판본을 그대로 번역된 것이 아니라 일본에서 나온 심리학 서적들을 저본으로 선택적으로 취사 편집하여 번역된 것이라고 추정할 수 있다. 예를 들면 다음과 같은 말을 하고 있다.

> 諸般情念을 三分하야 정념을 感情, 情緒, 情操로 定할지라. 然이나 此分類도 甚히 不完全한 者니 ...... 故로 吾人은 此三者의 區別點을 明示키 不能하니 但此三者에 屬할 情念中重要한 實例를 揭示하야 讀者의 自得을 待할 뿐이라."[40]

이러한 판단은 당시 일본 학자들이 감정에 관한 서양 심리학 용어를 다양한 용어로 번역하고 있기 때문이다. 예를 들면 필링(feeling)을 感動

---

39) 위의 글, 279~283쪽.
40) 김하정 譯述, 『심리학교과서』, 74쪽.

으로, 이모션(emotion)을 情이나 情緖로, 어펙션(affection)은 情愛나 情款으로 센시빌리티(sensibility)는 감성(感性)이나 감동(感動) 혹은 정(情)으로, 센티멘트(sentiment)는 情思나 情操로 번역하고 있다.[41]

또한 7장 정념(情念)의 7절 정조(情操)를 설명하는 부분에서 한시를 예로 들고 있는데 여기에 고려시대 정지상(鄭知常), 조선조 정현(鄭礥), 정수동(鄭壽銅), 당나라 두목(杜牧), 장구령, 두보, 일본 부손(蕪村), 바쇼(芭蕉)의 시를 예로 들고 있다.

이를 통해 보면 김하정은 여러 문헌들을 참고하여 선택적으로 번역했음을 알 수 있다. 이것이 역술(譯述)의 의미이다. 이는 당시 김하정의 시대적 문제의식이 투영되어 심리학교과서를 번안했음을 의미한다.

V. 『심리학교과서』에 나타난 계몽과 자유

『심리학교과서』에 나타난 심리에 대한 설명에서 첫 번째 지적할 것은 서양 심리학의 과학적 측면을 설명하고 있다는 점이다. 1장 서론에서는 먼저 의식(意識)을 정의한다. 의식을 감각, 지각, 정념, 욕념, 관념으로 구분하여 설명하고 있지만 의식은 '心의 狀態'에 불과하다.

이어서 과학에 대한 정의로 시작한다. 이는 서양 심리학의 과학적 성과를 적극적으로 소개하려는 의도가 보인다. 간단히 말하면 관찰과 실험으로 이루어진 상호 연관된 계통적 지식이라 규정한다. 결국 심리학의 의의는 의식을 연구하는 과학으로서 의식을 서술하고 설명하는 과학이다. 이런 과학적 활동을 '연구(研究)'라고 한다.

---

41) 서호철, 앞의 논문, 42~44쪽.

吾人이 日常經驗을 得한 知識은 系統的 知識이 아니오, 支離滅裂한 斷片
的 孤立的 知識이라. 然이나 實驗觀察及關係法則의 發見되는 者는 此等의
斷片的 孤立的 知識을 系統的 知識으로 進行하는 動作이 有한 者니 其動作
을 稱하야 硏究라 云하나니라.[42]

　　이어서 이 감각, 지각, 정념, 욕념, 관념의 성격과 연관 관계를 구분
한다. 감각과 지각은 객관적이지만 정념, 욕념, 관념은 주관적이라거
나, 감각과 지각과 관념은 독립적이지만 정념과 욕념은 관념을 수반한
다는 점에서 수반적이라거나, 감각은 단순하지만 지각은 복잡하다거
나, 정념은 수동적이지만 욕념은 자동적이라는 등 각각의 관계와 기능
을 구분하여 설명한다.

　　감각, 지각, 관념에 관한 과학적인 설명과 함께 연상작용, 개념작용,
기억법, 지각과 관념의 관계 등을 설명하고 논리와 관련된 판단을 다루
면서 귀납추리와 연역추리도 다루고 있다. 이러한 내용들은『해반씨심
리학』과『배인씨심리신설』에서 상당히 자세하게 다루고 있는 내용이
지만 그 전체의 내용이 담긴 것이 아니라 선별되고 요약된 내용이다.

　　또한 정념을 감정, 정서, 정조로 구분하고 그것을 쾌(快)와 불쾌(不快)
로 구분한 것이다. 이러한 구분은 분트(Wundt)의 구분이다. 분트는 단순
감정의 질을 '쾌와 불쾌(Lust-Unlust)'로 구분한다.[43] 그리고 이렇게 말하고
있다.

　　但 心理學者中에 別로 快치 아니하며 又不快치도 아니한 中性이 有하다
主張하는 者가 有하나 本書는 多數의 說을 從하야 情念의 細分으로 快치 아

---

[42] 김하정 譯述, 앞의 책, 4쪽.
[43] 李義喆, 앞의 책, 1971, 217쪽.

니하면 不快한 者라 하는 說을 從하노라.[44]

다수의 학설을 따른다는 표현을 본다면 김하정은 여러 학설을 참고하고 대조하면서 선별적으로 번역하고 있음을 알 수 있다. 감각과 지각에서 과학적인 내용을 설명하듯이 정념을 설명하는 데에서 과학적인 설명을 곁들이고 있다. 예를 들어 정서 가운데 희열(喜悅)을 설명하는 부분이다.

愉快는 有機感覺과 特히 血液의 流通이 良好함과 筋肉興奮의 感覺에 附帶하는 快的 感情의 喜悅과 混合한 것이 되겠도다.[45]

이렇게 서양의 과학적 설명을 덧붙이면서 감각, 지각, 정념 등의 내용을 설명하고 있음을 알 수 있다. 이는 심리에 대한 과학적 설명을 통해 전통 학문에서 물리와 심리를 혼동하는 미몽을 계몽하려는 의도를 가지고 있음을 알 수 있다.

두 번째 주목할 점은 '아성(我性)'에 대한 강조이다. '아성'은 개인적 자아 혹은 개인적 주체에 대한 강조이다. 정념과 욕념을 구별하는데[46] 아성은 욕념을 다루는 부분에서 논의된다. 욕념에는 두 가지 속성이

---

44) 김하정 譯述, 앞의 책, 75쪽.

45) 위의 책, 80쪽.

46) 니시 아마네는 정(情)이라는 큰 카테고리에서 단순한 정서, 정관(情款), 욕(欲)으로 구별한다. 西周 譯, 『奚般氏心理學』, 国立国会図書館テシタルコレクション, 1878 참조. 이노우에 데쓰지로는 정서(情緖)라는 큰 카테고리에서 일반감정, 복합감정, 相關의 정서, 恐怖의 정서, 柔和의 정서, 主我의 정, 權勢의 정서, 知力의 정서, 同情, 理想의 정서, 裝飾의 정서 등등으로 구별하고 의지(意志)라는 다른 카테고리에서 원망(願望)을 다룬다. 井上哲次郎 譯, 『倍因氏心理新說』, 国立国会図書館テシタルコレクション, 1886 참조. 김하정은 정념이라는 큰 카테고리에서 감정, 정서, 정조를 구별하고 욕념을 따로 분리했다.

있다. 역성(力性)과 아성(我性)이다.

역성은 욕념의 강도에 해당하고 아성은 자아 혹은 주체에 해당한다. 이는 수동적인 것이 아니라 능동적인 성질이다. 즉 욕념하는 것을 스스로 의식하는 주체를 말한다. 이러한 아성이 중심이 되는 것이 자율감이고 자율감을 가진 것이 아성이다. 욕념은 아성이 있어야 주체가 된다.

> 欲念에 附帶한 自己가 力의 中心이 되어 活動하는 感을 稱하야 自家活動 又는 自律의 感이라 云하며 又觀念이 自家活動 又는 自律의 感을 帶한 性質을 我性이라 云하나니 蓋欲念은 自家活動의 感이 具有함을 因하야 我가 되는 故니라.47)

흥미로운 점은 '我性의 推移'라는 것을 설명하고 있다는 것이다. "欲念의 我性에 對하여 最注意할 事實은 我性의 推移라."48) 이는 욕념이 충돌할 경우 아성이 바뀐다는 것이다. 예를 들어 술을 먹고 싶은 욕념과 생명을 지키는 욕념이 충돌할 때 생명을 지키는 욕념을 따르는 것이 아성이 된다. 여기에서 주목할 말은 국가와 자아의 관계이다. 즉 飮酒欲과 生命欲이 충돌할 때 생명욕을 따르는 것이 아성이지만 그 아성이 국가에 대해서는 아성이 바뀐다는 말이다.

> 그 國家에 對한 義務와 相對함에 至하야는 그 我性을 失하고 義務는 我며 生命欲은 彼가 되느니 如斯히 欲念과 欲念이 相互對抗하는 事를 因하야 他境遇에 我된 者가 彼되며 彼된 者가 我되는 事實을 稱하여 我性의 推移라

---

47) 김하정 譯述, 앞의 책, 94쪽.
48) 위의 책, 98쪽.

하느니라.

이것은 가치의 문제와 관련된다. 더 높은 가치의 욕념을 따르는 것이 곧 아성이 되기 때문이다. 이는 의지의 문제와 관련된다. 9장은 의지이다. 의지는 강한 욕념이 아니다. 상호 경쟁하는 욕념 중에서 아성이 가장 높은 욕념을 의지라고 한다. 그래서 강도가 크더라도 아성이 낮은 욕념은 의지가 아니라 의지에 반하는 강박력(强迫力)이다. 이를 욕심(欲心)으로 구별하고 있다. "意志라 함은 我로 한 欲念이며 欲心이라 함은 彼로 한 欲念이니라."[49]

결국 의지는 이상과 관련된다. 때문에 가치나 의무와 연결해서 설명하고 있다. 가치를 느끼는 것이 곧 욕념이기 때문이다. 욕념하는 것 자체를 자각하는 것이 곧 '아(我)'이다. 이는 목적을 가진 욕념 활동이다. 욕념 활동을 자각하는 존재가 바로 "我性을 具有한 活動은 즉 我가"된다. 아성의 추이의 순서에 따라서 더 높은 아성과 낮은 아성이 있게 된다.

> 自己보다 高한 我性이 我에 對할 時에는 彼가 되나니 如斯한 我를 稱하야 相對我 又는 假我라 云하나니라. 然이나 某人에 在하야는 如何한 我와 對하던지 恒常我가 되야 決코 彼가 되는 事가 無하고 惟一個의 最高我性의 我가 有하니 如斯한 我를 稱하야 絶對我 우는 眞我라 云하나니라.[50]

김하정은 眞我와 假我를 구별한다. 이 假我의 저항과 투쟁하는 하는 활동을 자아실현이라고 말한다. 여기서 셋째로 주목할 것은 아성과 관련된 자유와 인격의 의미이다. 인생의 목적은 자아실현이고 의무라고

---

49) 위의 책, 101쪽.
50) 위의 책, 114~115쪽.

하는 것은 자기실현을 자각하는 일이다. 자유(自由)는 바로 이 자기실현
을 이룬 경계일 뿐이다.

> 人生의 目的은 自我實現에 不外하고 義務는 自家實現의 自覺에 不外ᄒ
> 나니 是以로 責任은 自我實現의 怠慢에 對ᄒᄂ 自家譴責에 不外ᄒᄂ지라
> 自由라 云함은 自我實現을 果成한 境界에 不外하며 滿足이라 云함은 此境
> 界에 入하야 得한 心意의 安易에 不外ᄒᄂ니라.51)

자유는 자아를 실현한 경계이다. 여기서 말하는 자아란 假我가 아니
라 眞我이고 眞我는 최고의 가치와 이상을 자각한 我性을 의미한다.
이 진아를 실현하는 경계가 자유이지만 인격은 바로 자아실현과 관련
된다.

주목할 점은 인격의 경계를 설명하는 데에 사회와 연관하여 주권(主
權)을 가지고 설명하고 있다는 점이다. 즉 사회에서 군중이 혼잡하게
활동하는 것은 각기 자유 활동을 할 뿐이지 전체 사회의 공통된 목적
을 위하여 공동 활동을 하지 않는다는 것이다.

마찬가지로 인간의 의식에서 지리멸렬한 의식들이 전체 목적에 적
합한 활동을 하지 않는 것은 인격이라 할 수 없다는 것이다. 주권 없는
사회가 혼잡하듯이 주권이 없는 의식은 혼잡하다. 통일된 사회를 국가
라 하듯이 통일된 의식을 인격이라 한다.

> 一個의 主權下에 入하야 其目的을 向하야 統一한 活動을 成하는 社會를
> 稱하야 國家라 云하며 一我下에 入하야 其目的을 向하야 統一한 活動을 成

---

51) 위의 책, 116쪽.

한 바 意識狀態를 稱하야 人格이라 云하나니. 主權이 盛하면 亂民이 伏하고 衰하면 亂民이 起하며 我가 强하면 欲心이 鎭하고 弱하면 欲心이 猛하는 故로 人格의 健不健은 我力을 因하여 定ᄒᆞᄂᆞ니라.

이렇게 인격을 자아와 주체를 강고히 하고 眞我를 실현하는 활동으로 설명하는데 이를 국가에 주권이 있는 것에 비교하고 있다. 이는 당시 근대화와 함께 국권 수호와 자주 독립이라는 시대적 소명을 의식한 것이라고 할 수 있고 이것은 당시 국가를 이루는 국민을 위한 계몽의 요소이다.

아성(我性)과 진아(眞我)와 함께 자아실현으로서 자유를 강조하는 데에 주권(主權)을 가지고 설명하는 것은 주목할 점이다. 각각 한 인간으로서 주권을 말하는 것은 대한제국 황제가 가진 주권이 사라졌다는 것을 시사하는 것이기도 하다.

특히 1905년 을사늑약 체결로 자주권을 상실한 뒤에 국권 회복을 위한 문명화와 계몽이 시급한 과제가 된 때이기 때문이다. 그 당시 자아와 주체를 강화하는 것은 주권 의식을 갖는 것이기도 하며 이는 곧 국가의 주권을 되찾는 것이기도 하다. 심리학에서 자아와 자기실현을 국가의 주권과 연결해서 설명하는 것은 당시 계몽활동과 관련해서 이해할 수 있을 것이다.

VI. 자아의 강화와 계몽

일본이 서양 문명을 수용하고 번역하는 맥락과 그것을 수용하고 번역하는 식민지 조선의 맥락은 다르다. 일본에서 심리학이 적극적으로 번역된 것은 1878년 니시 아마네와 1886년 이노우에 데쓰지로를 통해서이다. 근대심리학의 시작을 1879년으로 본다면 일본 심리학은 매우 일찍 서양 심리학을 수용했다.

식민지 시기 주로 일본에 유학했던 사람들이 심리학 강의나 서적을 접하여 서양 심리학을 소개했다. 일본이 서양 심리학을 수용했던 내용을 번역하고 소개하는 것이다. 그러나 일본이 서양 문명을 수용하고 번역하는 문제의식과는 다른 목적과 지향을 가지고 있었다.

그것은 식민지 조선이 이루어야할 근대 문명화이고 동시에 자주독립과 국권확립이라는 것이다. 당시 조선은 주권을 상실한 체념과 무기력에 빠졌다. 이를 극복하기 위한 자아의 강화는 자강운동의 한 부분이었다. 이는 계몽 운동의 목표이기도 했다.

『심리학교과서』는 이용익(李容翊)이 설립한 출판사 보성관(普成館)에서 1907년 7월 30일에 발행한 교육용 교과서이다. 보성관은 애국계몽의 일환으로 교육용 교과서 이외에 다수 책들을 번역하며 계몽 활동을 펼친 출판사이자 사상운동의 거점이었다. 『심리학교과서』도 이 애국계몽의 차원에서 이해될 수 있다. 왜 아성(我性)을 강조하고 진아(眞我)와 가아(假我)를 구별하여 저항과 투쟁을 말하는지는 이러한 맥락 속에서 이해될 수 있다.

1905년에 평양에 숭실학당이 세워진 이후 서양인 선교사인 번하이젤(Bernheisel), 즉 편하설(片夏薛)이 철학과 논리학을 강의했는데 이 시기에 『심리학교과서』가 사용되었다.52) 『심리학교과서』는 1907년 출간된 최

---

52) 조요한, 「한국에 있어서의 서양철학 연구의 어제와 오늘」, 『思索』 3, 숭실대학교 철학과, 1972.

초의 심리학 관련 서적이다. 아마도『심리학교과서』는『해반씨심리학』
과『베인씨심리신설』을 저본으로 선택적으로 번역하고 식민지 시기
문명화와 국권 회복이라는 목적 아래 편집되고 창작되었을 가능성이
많다.

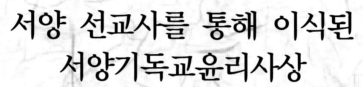

서양 선교사를 통해 이식된
서양기독교윤리사상

- 숭실대학교 한국기독교박물관 소장
기독교윤리문헌자료 활용을 위하여

오지석

서양 선교사를 통해 이식된 서양기독교윤리사상[1]

－숭실대학교 한국기독교박물관 소장 기독교윤리문헌자료 활용을 위하여

Ⅰ. 들어가는 말 : 결이 다른 두 흐름[2]

한국의 지식사회는 동아시아의 전통사상이라는 날줄과 서양에서 건너온 철학사상이라는 씨줄이 얽혀져서 한 땀 한 땀 지식의 지형도를 그려나가고 있다.[3] 이 씨줄에 해당하는 서양 사상이 한국 땅에 수용될

---

[1] 이 글은 2019년 4월 20일 日本一橋大學韓國學硏究所 · 숭실대학교 한국기독교문화연구원 HK+사업단 공동주최 국제학술대회 "근대전환공간의 인문학, 문화의 메타모포시스 - 이문화의 수용과 갈등"에서 발표한 발표문과 현장에서의 토론, 제안을 대폭 받아들여 수정 작성한 것이다.

[2] 이 표현은 글쓴이가 2018년 제1회 숭실대 HK+사업단 학술대회 〈메타모포시스 인문학〉에서 본 한국기독교박물관 소장 자료의 현황과 활용방안에서 '제5주제 사유와 사상 관련 박물관 소장 자료의 현황과 활용'이라는 발제에서 한국의 서양기독교사상의 수용양상을 서학과 프로테스탄트의 등장이라는 면을 설명할 때 사용한 것이다.

때 그 이유나 조건을 살펴보면 다음과 같은 조건들과 어느 정도 연관이 있어서 가능했던 것은 아닐까? 첫째 새로운 사상이 기존의 사상 체계보다 수용자 측에 더 흡족하게 정신적 충족을 줄 수 있을 때, 둘째 새로운 문화가 그것을 수용코자 하는 민족이 갖고 있는 생활 체험과 부분적으로나마 공감할 수 있거나 연결될 때, 셋째 어떤 불만이 압도적으로 그 민족이나 사회의 구성원을 사로잡고 있을 때이다.[4] 그렇다면 서양사상은 언제부터 어떤 흐름으로 한국사회에 소개되고 한국 사회는 그에 대해 어떻게 반응했으며, 그 반응이 나은 메타모포시스는 무엇일까라는 물음이 꼬리를 문다.

16세기 이후 기독교 문화와 서양의 자연학과 기술이 동아시아로 전래되어 동아시아의 지적 전통과 만나게 되었다. 이를 통하여 16~17세기 동아시아는 서서히, 19세기부터는 급격히 변화했다. 그리고 근대전환경험은 스스로 자기 안에서만 이뤄졌다기보다는 외부의 자극에 의해 특히 서양세력에 의한 것이라 할 수 있다.[5] 개항전 한국 지식사회는 씨줄인 서양사상과 직접 만난 중국과 일본과는 달리 김문식이 밝힌대로 '燕行(연행사)', '海行(통신사)', '漂流(표류민)' 등의 경로를 통해 유입하였다.[6] 하지만 개항 후 한국사회가 개항 후 서양사상과 만남은 중국을 통해서만 들어오는 것이 아니라 우리가 오랑캐라 여긴 洋夷와의 직접

---

3) 오지석, 「동서 기독교 윤리학의 가교로서의 서학 윤리사상」, 『기독교사회윤리』 21, 2011, 한국기독교사회윤리학회, 201쪽.

4) Homer C. Barett, *Innovation: The Basis of Cultural Change*, New York: McGraw-Hill, 1953; 곽신환, 「신념체계의 대립과 갈등과 치유」, 『기독교사회연구』 3, 숭실대학교 기독교사회연구소, 2005, 89쪽에서 재인용.

5) 김승혜, 『동아시아 종교 전통과 그리스도교의 만남』, 영성생활, 1999, 20쪽.

6) 김문식, 『조선후기 지식인의 대외인식』, 새문사, 2009; 황종원·허재영 외, 『한국에 영향을 미친 중국 근대지식과 사상』, 경진출판, 2019, 12쪽에서 재인용.

만남과 倭라 불렸던 일본을 통한 경로를 통해서라 할 수 있다. 이것을 결이 다른 두 흐름이다.

이것을 기독교 사상에 적용하면 개항 전 조선인이 만날 수 있던 기독교 사상과 서양의 자연학과 기술을 西學(가톨릭에 기반 한 조선유학이 만나 낯선 거울)[7]이라 부르고, 19세기 동아시아의 개항과 더불어 새롭게 등장한 기독교 사상(프로테스탄트)과 그들과 함께 온 자연학 또는 자연과학과 기술은 또 다른 西學 혹은 新學이라 부를 수 있다.

16세기 이해 줄곧 이어지는 서양사상과의 만남의 시초와 결이 다른 두 흐름에 대한 연구를 숭실대학교 한국기독교박물관 소장 자료를 통해 이해 하고자 한다. 한국기독교박물관은 한국학에 있어서 서양문화의 유입과 그 수용과정을 잘 드러내 주는 곳이다. 특히 가톨릭과 프로테스탄트의 유입과 그 수용과정의 흐름을 한 눈에 볼 수 있다는 장점이 있다. 그래서 이 연구는 한국기독교박물관 소장 문헌을 통해 '서양 선교사를 통해 이식된 서양 윤리사상'의 흔적을 추적하는 것이다. 한국기독교윤리학의 역사에 대한 선행연구로 강원돈의 「한국기독교윤리학의 어제와 오늘」(『신학연구 50년』, 혜안, 2003)과 김창의의 『신학연구문헌학』(경인문화사, 1972), 김철영의 「한국 기독교가 한국 근대화의 가치관 형성에 미친 영향」(『장신논단』 vol.16, 1997), 노영상의 「한국기독교사회윤리학'의 학문적 정위」(『기독교사회윤리』 vol.18, 2009), 맹용길의 『한국기독교윤리학 I, II』(장로회신학대학교출판부, 1993, 1994), 박충구의 「기독교사회윤리 한국토착화신학」(『기독교사상』 35권 6호, 1991), 박충구의 『한국사회와 기독교윤리』(성서연구사, 1995), 박해남의 「대한제국기 개신교 윤리의 형성과

---

7) 이 표현은 김선희의 책 『서학, 조선 유학이 만난 낯선 거울-서학의 유입과 조선 후기의 지적 변동』, 모시는사람들, 2018에서 따왔다.

성격에 관한 연구」(한국기독교역사연구소소식 제81호, 2008), 백종구의 「초기 개신교 선교부의 사회윤리」(『교회사학』 1권 1호, 2001), 숭실대학교 부설 한국기독교문화연구소편의 『한국기독교와 윤리 : 생활속의 기독교윤리』(숭실대학교 출판부, 1992), 오지석의 「한국기독교윤리학, 그 처음 이야기」(『기독교사회윤리』 vol.15, 2008), 오지석의 「동서 기독교 윤리학의 가교로서의 서학 윤리사상」(『기독교사회윤리』 vol.21, 2011), 윤성범의 「기독교와 한국윤리」(『신학과세계』 vol.3, 1977), 이장형의 「한국기독교 초기 윤리학교과서 문헌 해제 및 한국적 수용과정 연구」(『기독교사회윤리』 vol.18, 2009)과 『기독교윤리학의 한국적 수용과 정립』(북코리아, 2016), 정하은의 『한국 근대화와 윤리적 결단』(대한기독교서회, 1972), 한국정신문화연구원의 『藏書目錄 : 國內書篇』(한국정신문화연구원, 1984), 현영학외의 『한국문화와 기독교윤리』(문학과지성사, 1986) 등 여러 편의 논문과 저술이 있고,[8] 한국기독교박물관 소

---

8) 한국기독교윤리학에 대한 사적 흐름을 다루고 있는 논문들로는 다음과 같은 것들이 있다. 강원돈, 「1990년대 초 이래의 한국기독교사회윤리학의 동향」, 『신학연구』 51, 한신대학교 한신신학연구소, 2007; 김권정, 「1920~30년대 한국교회의 사회복음 수용과 사회윤리에 관한 연구」, 『기독교사회윤리』 16, 한국기독교사회윤리, 2008; 김권정, 「한국기독교 초기 유교지식인의 기독교 사회윤리 연구―월남 이상재를 중심으로」, 『기독교사회윤리』 20, 한국기독교사회윤리, 2010; 김권정, 「근대전환기 윤치호의 기독교 사회윤리사상」, 『기독교사회윤리』 22, 한국기독교사회윤리, 2011; 김권정, 「신석구의 기독교사회윤리사상연구」, 『기독교사회윤리』 24, 한국기독교사회윤리, 2012; 김귀성, 「P. A Vagnoni 著 『童幼教育』에 나타난 아동교육론」, 『교육문제연구』 35, 고려대학교 교육문제연구소, 2009; 김영일, 「정약용(丁若鏞)의 윤리사상(倫理思想)」, 『기독교사회윤리』 7, 한국기독교사회윤리, 2004; 박충구, 「삼천년 대를 향한 기독교 윤리적 과제」, 『한국기독교신학논총』 15:1, 한국기독교학회, 1998; 박충구, 「한국교회의 기독교윤리학적 성향과 그 문제점」, 『사회이론』 35, 사회이론, 2009; 박충구, 「한국기독교의 윤리성향에 대한 비판적 고찰―해방적 영성적 윤리적 해석학 서설」, 『해석학과 윤리』 3, 한국신약학회, 1999; 설충수, 「기독교윤리의 관점에서 바라본 유교 인성론(人性論) 연구―에른스트 파베르(Ernst Faber)를 중심으로」, 『기독교사회윤리』 236, 한국기독교사회윤리, 2016; 설충수, 「띵꽝쉰(丁光訓)의 사랑의 신학―인신칭의(因信稱義)에 대한 신학적 이해를 중심으로」, 『기독교사회윤리』, 40, 한국기독교사회윤리, 2018; 엄국화, 「다산(茶山)

장 기독교관련문헌에 관한 선행연구는 한명근의 「開化期(1876~1905) 신서적 발간과 그 특징」(『崇實史學』 20, 2007)과 한명근의 「예수교서회의 기독교문서 출판과 그 의의」(『근대의 기억, 신앙의 기록 - 예수교서회의 문서운동』, 숭실대학교 한국기독교박물관, 2015) 그리고 한명근 외 『한국기독교박물관 자료를 통해 본 근대의 수용과 변용』(선인, 2019)과 한국기독교박물관의 간행물인 『한국기독교박물관 소장 기독교 자료해제』(2007), 한국기독교 선교 130주년 기념 기획특별전 도록인 『근대의 기억, 신앙의 기록－예수교서회의 문서운동』(2015) 등이 있다.

이 연구는 이들 선행연구와 한국기독교박물관 소장 기독교윤리 관련 문헌들에 대한 서지적으로 자료 분류하고, 漢譯西學書와 韓譯西學書속의 倫理思想(西學倫理)과 서양프로테스탄트선교사의 저술 및 번역서속의 윤리에 관한 생각들(프로테스탄트 윤리)의 흔적을 찾아보려고 한다. 이를 통해 우리가 아는 것과 보지 못한 것은 무엇이 있는지를 묻고 답하면서 다양한 연구의 실마리를 제시하는 데 이 연구의 의의가 있다.

의 '소사상제(昭事上帝)'와 기독교 윤리에 관한 고찰」, 『기독교사회윤리』 42, 한국기독교사회윤리, 2018; 오지석, 「한국교회 초기 혼인관에 대한 연구－애니 베어드의 『고영규전』을 중심으로」, 『기독교사회윤리』 12, 한국기독교사회윤리, 2006; 오지석, 「마테오 리치와 에픽테토스의 '엥케리이디온'－동·서 윤리학의 만남의 자리」, 『기독교사회윤리』 32, 한국기독교사회윤리, 2016; 이장형, 「한치진을 통해 본 한국 기독교사상계의 기독교윤리 이해」, 『기독교사회윤리』 24, 한국기독교사회윤리, 2012; 이장형, 「『신자생활의 첩경』을 통해 본 일제강점기 기독교인들의 윤리인식」, 『기독교사회윤리』 29, 한국기독교사회윤리, 2014; 이장형, 「〈계자씨〉(1933-1934)를 통해 본 일제강점기 기독교윤리 담론」, 『기독교사회윤리』 40, 한국기독교사회윤리, 2018; 이장형·안수강, 「『그리스도륜리표준』에 나타난 인간 본분과 실천윤리」, 『신학과 실천』 41, 한국실천신학회, 2014; 최형묵, 「민중신학에 근거한 기독교 사회윤리의 관점에서 본 한국 근대화」, 『신학논단』 74, 신학논단, 2013 등이 있다.

II. 서양 선교사를 통해 이식된 서양윤리사상의 흔적

1. 숭실대학교 한국기독교박물관소장 기독교문헌자료 분류[9]

"책이 세상을 바꾸는가?"라는 물음은 인쇄술의 변천과 저작권의 등장에 대해서도 관심을 갖게 한다. 마틴 루터의 종교개혁도, 과학의 세기라 불리는 17세기도, 헤겔사상을 좌파적으로 읽어 낸 사회의 변혁에 선두에 서게 된 카를 마르크스의 등장이 가능했을까? 근대적 인쇄술과 인쇄기의 보급, 책의 광범위한 유통은 한 개의 독서가 개인적 삶뿐만 아니라 역사의 변혁을 주도하는 위인으로 거듭날 수 있게 하였다.[10]

시대의 흐름에 따라 다른 사상들이 형성되듯이, 우리는 당대의 사람들과 의사소통을 하고 사고방식에 영향을 준 책들은 어떤 것이 있었고, 특히 책을 통해 만난 서양, 서양인 특히 서양 선교사들에 의해 전해지고 이식된 사유와 사상체계가 우리에게 어떤 영향을 주었고 우리의 사유패턴과 생각이 변용되어가는 그 과정을 추적할 필요가 있다. 그 과정을 잘 살펴볼 수 있는 곳이 한국기독교박물관이다.

한국기독교박물관은 기독교의 수용과 성장 및 발전과정에서 양산된 다종다양한 자료를 소장하고 있다. 한명근은 근대관련 박물관 소장자료를 1) 기독교자료, 2) 국내에서 생산된 한국학 자료, 3) 외국인 시각

---

9) 이 부분은 한명근, 「한국기독교박물관 소장 근대 자료의 내용과 성격」, 한명근 외 『한국기독교박물관 자료를 통해 본 근대의 수용과 변용』, 선인, 2019을 기대어 정리하였다. 한명근의 글에 기독교관련 소장 자료에 대한 자세한 소개가 되어 있다. 소장자료에 대한 해제는 『한국기독교박물관 소장 기독교자료 해제』(2007)를 참고하고, 문헌자료에 대한 간략한 소개는 『한국기독교 선교 130주년 기념 기획특별전 근대의 기억, 신앙의 기록-예수교서회의 문서운동』(2015)을 참고하라.

10) 육영수, 「책과 독서의 문화사와 근대서양의 재발견」, 『한국사 시민강좌』 37, 일조각, 2005, 267~268쪽.

의 한국학 자료, 그리고 4) 일제 식민통치 자료로 분류하고, 그 가운데 기독교문헌자료는 성경, 찬송가, 신앙교리서, 주일학교 공과, 교회 회의록, 한국교회사, 기독교신문, 기독교잡지, 가톨릭(천주교) 자료로 추려 놓았다. 또한 국내에서 생산된 한국학 자료, 외국인 시각의 한국학 자료를 한국학 자료 가운데 개신교 선교사의 한국학 출판물, 한국인 저술의 외국어 출판물, 기타 선교단체의 영문출판물도 묶어 살펴볼 것이다.[11)]

　　조선후기지식사회가 첫 대면한 서양사상은 중국에서 간행된 서학서 (가톨릭 사상과 서양의 자연학과 기술 등을 담은 서적)들이었다. 박물관에는 초기 가톨릭 신앙에 세우는 데 중요한 역할을 한 『天主實義』, 『畸人十篇』, 『七克』, 『眞道自證』, 『敎要序論』,[12)] 『盛世芻蕘』,[13)] 『取譬訓蒙』(1870),[14)] 『天神會課』(1861) 와 소현세자와 관련된 기록이 있는 黃斐默의 『正敎奉褒』(1904)[15)] 등이 소장되어있고 최초의 근대 한글사전 또는 문법책이라고 할 수 있는 리델(F. C. Ridel) 신부의 『한불ᄌᆞ뎐 韓佛字典 *Dictionnaire Coreen-Francais*』(1880)과 『한불문전 韓佛文典 *GRAMMAIRE COREENNE*』(1881), 방달지사 신부의 라틴어 사전인 『나한자전 *Parvum Vocabularium Latino-Coreanum*』(1891)과 알레베크(C. Aleveque, 晏禮百) 편의 『법한ᄌᆞ뎐

---

11) 한명근 외, 앞의 책, 9~10쪽.
12) 남회인으로 알려진 예수회 선교사 Verbiest, Ferdinand의 책이며, 18세기 조선에서 가장 유행한 천주교 교리서라 한다.
13) 여기서는 『천학초함』의 기편에 해당하는 서학의 자연학과 기술관계 문헌자료 소개는 생략한다.
14) 한역본은 서울대중앙도서관에도 소장되어 있으며, 한글번역필사본은 한국교회사 연구소에도 소장되어 있다.
15) 중국 북경 남당 신부로 있던 黃斐默가 쓴 『正敎奉褒』(1904)에는 북경에 볼모로 있던 소현세자가 귀국할 때 지구의를 가지고 돌아왔다는 내용이 수록되어 있다. 이것은 서울대중앙도서관에도 소장되어 있다.

Petit Dictionnatre Francais Coreen』(1901) 등의 사전류가 있으며, 로베르트 베버(NorbertWeber)의 『한국방문 견문기 *IM LANDE DER MORGENSTILLE*』 (1915)와 파리 외방전교회의 *The Catholic Church in Korea*(1924) 등이 있으 며, 한글로 번역된 천주교리서로『스후묵상』(1864), 『텬당직로』(1864, 1884), 『신명초힝』(1864) 등과 칠성사(七聖事) 교리서인『셩교결요』(1910), 신·구 약 해설 및 가톨릭의 중국 傳敎史를 서술한『셩교감략』(1903), 개신교를 비판적으로 서술한『예수진교ᄉ패』(1907)와 한국천주교회의 장례에 관 한 예식서인『텬쥬셩교례규』(1914, IA1695), 그리고 한글 기도서로『텬쥬 셩교공과』(1887), 토마스 아켐퍼스의『遵主聖範』(1938) 등이다.

서양사상의 한 흐름은 이렇듯 초기 漢譯西學書, 韓譯교리서, 그리고 한글사전, 문법책, 견문기, 한국가톨릭교회사, 프로테스탄트와의 갈등 신앙생활지침서, 교양서 등으로 서양의 종교 가톨릭이 이식되는 과정 이다. 박물관에 소장된 가톨릭 관계 문헌들이 유일하다기 보다는 다종 다양하기 때문에 16세기에서부터 시작된 가톨릭을 통해 사상의 전이가 근대전환공간에서 어떻게 일어나는 가를 살펴볼 수 있다.

19세기 조선은 海禁에서 海防으로 그리고 開港으로 변하였다. 19세 기는 유학이 전통적 세계관이자 지배이데올로기로 작동하던 끝자락이 면서 외부에 의한 근대화에 따른 극적 변화의 기미가 보이던 시대이다. 더 이상 전통적인 화이론(華夷論)으로 제압하기 어려운 서양이라는 새로 운 오랑캐가 등장했다. 중국과 조선의 지식사회는 전 시대와 다른 방 식으로 화이론의 균열과 해체를 경험한다. 단순한 선교와 과학기술 전 달에 그치던 서양세력이 이제는 전통적인 세계관으로 대처 할 수 없는 타자로 서있다.16) 이때 한국지식사회가 만난 서양사상은 16세기부터 만나온 서학17)과는 다르다. 이러한 변화는 학술용어의 번역에 따른 변용이 없는 사회였던 조선을 번역과 번안이라는 고민을 가져다주었다. 선교를 위해 한국에 도래한 서양 기독교(가톨릭, 러시아정교회, 프로테스탄트) 선교사들도 마찬가지였다. 그들은 한글 시험을 보는 것에 그치지 않고 사전을 만들어 문법책을 쓰고, 한국어 교본을 통해 한국지식사회에 다가서려고 했다. 그리고 이들은 교육을 하고, 신문, 잡지를 발행하고, 한국인들의 도움을 통해 번역하기도 하고, 한국인들이 스스로 번역해 나가는 과정을 통해 서양의 종교, 기독교 특히 프로테스탄트 사상을 이식하였다. 박물관의 프로테스탄트 관련 문헌자료(중국간행한문서적, 조선주재 선교사들이 번역한 서적, 한국인들이 번역한 문헌, 개화·계몽기 교과서, 다양하게 생산된 한국학관련 책들)에서 그 흔적을 들여다 보려한다.

한국 프로테스탄트 초기 신앙서적은 중국에서 활동하던 서양 선교사들이 중국성교서회와 上海美華書館과 廣學會[18)에서 한문으로 간행

---

16) 김선희, 「7장. 19세기 지식장의 변동과 문명의식—홍한주, 이규경, 최한기를 중심으로」, 미야지마 히로시 외 편, 『19세기 동아시아를 읽는 눈』, 너머북스, 2017, 227~233쪽 참고.

17) 김선희는 19세기와 전시대의 서학이해의 결정적 차이를 '서양에서 온 지식'의 성격이 아니라 '서양'이라는 존재 자체에서 찾을 수 있다고 한다. 또한 서학을 학술적 자원으로 활용했던 18세기 지식인들은 서'學'이 아니라 '西'학과 '西'양일지도 모른다고 이야기한다. 위의 논문, 234쪽.

18) 중국에서 서양서의 번역은 1840년 아편전쟁 이후 본격화 되었다. 중국은 '강남 제조국' 내의 번역관을 설치하여 체계적으로 서양 서적을 번역하기 시작했다. 1870년대 전후 중국에서는 서양 실용서 중심의 번역이 진행되었고, 1874년 상해에 격치서원이 창설되면서 서양 지식을 좀 더 적극적으로 수용하기 시작했다. 이 격치서원은 영국 선교사 프라이어(중국명 傅蘭雅)와 중국인 서수 등이 창설하였다. 특히 1887년 영국과 미국 선교사들이 중심이 된 廣學會(The Christian Literature Society for China)는 중국 상해에서 해관 총세무사였던 영국인 하트(赫德), 윌리엄슨(慕維廉), 리처드(李提摩太)등이 중심이 되어 기독교, 정치, 철학, 법률, 교육, 천문, 역사, 물리, 화학, 의학 등의 서적을 지속적으로 번역 만든 일종의 번역 출판 기구이다. 이 단체의 전신은 1884년 설립된 同文書會이며, 1890년부터 1911년까지 약 400여종의 서적을 출판하였다. 황종원 외, 『한국에 영향을 미친 중국 근대 지식과 사상』, 경진, 2019, 36~41쪽 인용과 참고.

한 서적19)들이 대부분이었다. 박물관에서 소장하고 있는 것으로는 1872년에 발간된『神道總論』卷1을 비롯해『依經問答喩解』,『禮拜模範』,『耶蘇敎官話問答』,『眞道入門問答』,『約瑟傳;官話』,『天道溯原』,『喩道要旨』,『神人合解』(全),『聖學入德門』,『安仁車』,『牧師之法』,『安息日論』,『二約釋義叢書』[合綴] 등이다. 또한 한국 프로테스탄트 초기 국내에서 발행된 신앙교리서와 교리문답서는 조력자들과 선교사들에 의해 한글로 번역되거나 저술되었다. 1894년 이후 1910년까지 간행된 대표적인 초기 신앙서로는 1894년 그리피스 존이 저술하고, 언더우드가 번역 간행한『성교촬리(聖敎撮理)』와 1907년 매킨지가 지은 것을 사무엘 마펫이 번역해 대한성교서회에서 펴낸『구세진전(求世眞傳)』(1907)을 비롯해 11점이 있다. 또한 교리문답서로는 독일인 나스트가 저술하고 매클레이가 한문본인 依經問答喩解을 다시 올링거가 한글로 옮긴『의경문답』(1893)을 비롯해 12점의 교리문답서 등이 있으며, 초신자와 어린이를 위한 교리문답서『어린아희 문답』(1915), 1916년 개정판『예수교초학문답』(1916, 1920, 1922, 1931, 1934) 등이 있다. 기독교생활윤리를 강조하는 신앙생활지침서20)로는 『덕혜입문(德慧入門)』(1915), 『만亽셩취(萬事成就)』(1916), 『칠극보감』(1918), 『人生問題와 그 解決』(1934), 『금쥬미담』(1923), 『酒草戒言』(1923), 『예수의 교훈과 신자의 의무』(일제강점기), 『보빅로온말』

19) 박물관 소장 중국 간행 근대학문 서적들은 영국인 선교사 존 프라이어와 에드틴즈, 미국인 선교사 마틴 등이 중국에 기독교적 세계관을 바탕으로 하며, 근대과학지식 전파를 목적으로 간행한 입문서 성격의 자연과학기술 분야 내용이 많다. 이 책들의 상당수는 "○○須知"라는 제목으로 발행된 것들이고 에드킨즈와 마틴이 중국 북경에서 발간한『中西闻見錄』1~36(1872~1875, 총 18책)과 존 프라이어가 1876년부터 상해에서『中西闻見錄』을『格致彙編』으로 개명해 1890년까지 발간한『格致彙編』(1876~1881, 총 33책)를 비롯한 서양과학기술, 의학 책등이다.

20) 이 부분은 3. 서양 선교사의 저술 및 번역서 속의 윤리와 관련된 생각들에서 자세히 다룰 것이다.

(1916), 『하ᄂ님의 돈』(1919), 『信徒快樂秘訣』(1927), 『리가요록(理家要錄)』(1911), 『혼례셔』(일제강점기), 『혼인론』(1914), 『교인의 혼례론』(1922), 『가뎡필지』(1923), 『基督敎社會思想』(1926) 등이 있다. 그리고 교회사와 성경지리에 관한 서적으로 『누터기교긔략』(1908)을 비롯해 7점이 있으며, 예수의 생애를 다룬 서적은 1896년에 발간된 『복음요사』를 비롯해 9권이 있으며, 1895년 존 번연의 원작을 게일이 번역하고 김준근이 삽화를 그린 『텬로력뎡』 권지일, 권지이 등을 비롯한 번역소설로 밀러·김동극 공역의 『第四博士』와 선교경험이 토대가 된 창작 소설 *The Vanguard— A Tale of Korea*(1904), 『샛별젼』(1905), 『고영규젼(高永規傳)』(1911), *Daybreak in Korea*(1909), *KIM SU BANG : And Other Stories of Korea*(1909) 등이 있으며 성공회와 안식일교 등의 문헌들도 다수가 있다. 한국인 단독 편서, 번역서와 저술서로는 『셩신츙만』(1911, 韓承坤 編), 『七克寶鑑』(1918, 宋麟瑞 譯), 『도가부인요람』(1921, 金相� 編), 『예수 生活의 硏究』(1926, 康雲林 譯), 『산샹보훈연구』(1929, 康雲林·金弼秀·吳天泳 譯註), 『宗敎와 個性』(1929, 李承根 著), 『聖潔을 쉽게 아는 길』(1931, 이명직 著), 『一千九百年 後의 예수(前篇)』(1932, 柳瀅基 譯), 『求世軍敎理 便覽』(1933, 朴駿燮 編), 『基督敎의 眞髓』(1933, 柳瀅基 譯), 『先知者와 메시아 道理』(1936, 吳宗德 著), 『聖經史話大集』(1940, 金弼禮 譯), 『主祈禱講話』(1942, 金在俊 譯) 등이 있고, 5) 신앙서적으로 언더우드(元杜尤)의 『우리 하나님과 그의 創造하신 宇宙』(1911)와 베어드의 『명심도』, 『이긔ᄂ 생명』을 비롯해 61점이 있다. 또한 『만국주일학교 공과』를 비롯한 주일학교 공과와 『교샤량셩 쥬일학당 교과셔』(1909) 등의 주일학교 관련 문헌들과 안식일학교 교재, 당회록, 노회록, 총회록 등도 다수 있다.21)

내한 선교사들은 효과적으로 선교하고자 잡지를 발간하였다. 단순히 선교사들 상호의 의견교류에 그치지 않고, 신도들에게 신앙생활에 필요한 정보를 제공하였다. 선교사들은 잡지를 통해 서구 근대문물을 소개하는 역할도 담당했고, 한국을 이해하고 연구하며, 알리고자 했다.[22] 선교사들이 국내에서 영문으로 발간하고, 또한 학술활동을 한 내용을 담아낸 것과 뉴욕에서 발간된 친일계 잡지, 중국 침례교에서 발행한 잡지, 중국 광동에서 발행한 중문학 영문 월간지등도 소장하고 있는데 목록은 다음과 같다.

The Korean Repository(1895.1.~1897.12.), *The Korea Review*(1901.1.~1906.12.), *The Korea Mission Field*(1911.3.~1941.2.), 『大韓』 *Transactions of the Korea Branch of the Royal Asiatic Society* Vol.Ⅰ·Ⅱ·Ⅲ(1900~1903), 『朝鮮』 Vol.4~30.(1912~1940), *The Korea Bookman*(1920.1.~1924.12.), *The Japan Magazine*(1921~1930), *The New East* Vol.ⅩⅠ No.2(1916~1932), *The Chinese Repository*(1943), *The Oriental Review*(1912.9.).

1880년대에 이르면 서양식 연활자가 도입된다. 이 일은 전통사회에서 근대사회로 이행을 상징적으로 촉발시킨 사건이다. 달리 말해 근대 인쇄 기술을 통해 신서적이 대량으로 보급되고, 신서적은 "서구사조를 직·간접적으로 소개한 서적 또는 그 영향을 받아 국내에서 제작·보

---

[21] 그 외 한국교회사 관련 자료와 한국인이 발행한 기독교신문과 기독교 잡지 등의 자료는 한명근, 앞의 책을 참고하라.

[22] 육영수는 「서양 선교사가 주도한 근대 한국학의 발명과 국제화, 1870년대－1890년대」, 『역사민속학』 55, 한국역사민속학회, 2018에서 이와 같은 연구들이 '조선을 아는 것은 조선을 지배하는 것이다.'라는 명제를 실천하는 것으로 보고 있다. 다시 말해 그는 19세기 후반에 서양 선교사들이 주도했던 한국학의 발명·전파·국제화 과정과 이 작업에 동반된 제국주의 의지와 욕망을 비판적으로 보려고 한다. 이덕주는 서양인들의 한국학 관련 저술은 '한국을 세계에 알리는 창窓'이 되었고, '한국을 비춰주는 거울'이었으며, '한국과 세계를 이어주는 다리'가 되었다는 데 의의가 있다고 한다. 이덕주, 『푸른 눈에 비친 백의민족』, 한국기독교역사박물관, 2008.

급된 서적 일반·보급된 서적 일반"[23]을 뜻한다. 이것은 조선에도 필사나 목판인쇄에서 벗어나 지식의 대량생산과 대량 소비가 가능한 시대가 열렸음을 알리는 신호가 되었다.[24] 1894년 갑오개혁으로 정부 주도의 근대적 교육제도가 도입되면서 본격적인 근대학문 교과서의 간행이 이루어졌다. 특히 1895년 학부는 우리나라 최초의 근대식 교과서인 『國民小學讀本』을 간행하였다. 학부편집국은 『태서신사남요』, 『공법회통』, 『지구약론』, 『서례수지』 등을 비롯해 다수의 漢譯西洋書를 복각하여 교과서로 활용하거나 한글로 번역하여 근대학문교과서 간행과 보급에 힘을 쏟았다. 내한 선교사들은 개화기와 1900년대에 들어 학교에서 사용할 교과서를 한글로 번역하여 발행하였다. 수학, 천문지리학, 동식물학, 생리해부학, 물리화학, 자연과학 일반 등 근대학문 분야의 교과서가 큰 부분을 차지하는 것이 특징적이다. 교과서 대부분은 근대 인쇄술인 연활자본이고 1906년 제중원에서 발행한 해부학과 생리학 같이 학문 유입이 늦은 일부 교과서는 등사본으로 간행되기도 했다.[25] 박물관 소장 교과서로는 기독교계 교과서로 1894년 스크랜튼 선교사 번역한 『地璆略論』을 필두로 헐버트의 『四民必知』(1895), 1899년 이화학당에서 펴낸 한국 최초의 생리학 교과서 『전톄공용문답』(1899), 평양 숭실 설립자 베어드 선교사 부부가 번역하여 교과서로 펴낸 『동물학』(1908), 『싱리학초권』(1908), 『식물도셜』(1908), 『텬문략히』(1908)가 있다. 학

23) 李鍾國, 「韓國의 近代印刷出版文化 硏究」, 『印刷出版文化의 起源과 發達에 관한 硏究論文集』, (사)한국출판학회, 1996, 81쪽.
24) 박천홍, 『활자와 근대-1883년, 지식의 질서가 바뀌던 날』, 너머북스, 2018, 10쪽.
25) 한명근, 앞의 글, 66~67쪽; 강미정·김경남, 「제2부 제1장 근대 계몽기 한국에 수용된 중국 번역 서학서」, 황종원 외 편, 『한국에 영향을 미친 중국 근대 지식과 사상』, 경진, 2019, 55쪽.

부편집국에서 복각하고 번역하여 간행한 프라이어 선교사의 『西禮須知』(1902)와 『태셔신사 상·하』(1896~1897) 등 교과서를 포함하여 인문과학(10종), 역사(7종), 수학(14종), 천문지리학(17종), 동식물학서(9종), 생리해부학서(17종), 물리·화학(9종), 자연과학 일반(12종), 군사학(5종)의 근대교과서가 있다. 그밖에 서양학문이 유입되면서 다종다양한 학문분야의 저술되거나 번역된 단행본과 중국과 일본에서 유입된 단행본들은 근대전환기의 모습을 고스란히 담고 있다.[26]

박물관에서는 19세기 후반에서 1945년 해방 이전까지 조선에 체류했던 서양인의 시각(가톨릭·프로테스탄트 선교사 포함)에서 바라본 한국학에 관련된 다양한 형식의 텍스트들(일기, 편지, 리포트, 소설, 역사서, 번역서, 지방언어와 사전 문법책, 민속풍습 연구서 등)도 다양하게 소장하고 있다. 이 부분은 이방인의 한국학 또는 한국사 인식이라는 주제로 체계적이고 심도 있는 연구가 필요하다.[27]

[26] 자세한 목록은 한명근, 앞의 글, 68~76쪽을 참고하라.

[27] 박물관 소장 한국학 관련 대표적 외국인 텍스트들은 다음과 같다.
John Ross, *Corea, Its History, Manners and Customs* (1880); William Eliot Griffis, *Corea, the Hermit Nation*(1904); J. S. Gale, *Korean Sketches*(1898), *Korea in Transition*(1909), *The Cloud Dream of the Nine*(1932); H. N. Allen, *Korea: Fact and Fancy*(1904), *Things Korean*(1908); H.G. Underwood, *The Call of Korea: Political-Social-Religious*(1908), *The Religions of Eastern Asia*(1910); E. J. Urquhart, *Glimpses of Korea*(1923); James Earnest Fisher, *Democracy and Mission Education in Korea*(1928); H. B. Hulbert, *Omjee The Wizard; Korean Folk Stories*(1925); Nathaniel Peffer, *The Truth about Korea*(1919); F. A. MeKenzie, *Korea's Fight for Freedom*(1920); The Christian Literature Society of Korea, *Catalogue of Korean Publications*(1921), *List of New Books*(1904), *Annual Report*(1915·1917·1919~1927·1929·1931~1938); British & Foreign Bible Society Report of the Korea Agency for 1928-1931·1934-1936; The Bible Committee of Korea (1903, 1904); James Scott, 『한국문법 A Corean Manual』(1887), 『英韓字典』(1891); H.G. Underwwod, 『韓英文法』(1890), 『鮮英文法』(1914), 『韓英字典』(1890), 『英韓字典』(1890); J. S. Gale, 『辭課指南』(1894, 1916), 『韓英字典』(1897); G. H. Jones, 『韓英字典』(1912); W.M. Baird, 『英韓·韓英字典』(1928); Hulbert, *A Comparative Grammer of the Korean Language and the Dravidian Languages of*

2. 漢譯西學書와 韓譯西學書속의 윤리사상(서학윤리사상)

가톨릭 윤리신학은 16세기에 교의신학에서 분리되어 독립학문으로 자리 잡기 시작한다. 그 배경에는 당시 개혁교회(프로테스탄트)들은 오로지 신앙만을 강조하였는데 가톨릭교회는 이에 상응하는 도덕적 삶을 중요하게 다루면서 차별을 두려는 의도가 있었다. 이런 역사적 배경에서 윤리신학이 발전했고, 교회의 신앙생활과 성사생활이 제도적으로 강화되었다. 당시 윤리신학은 신앙인의 '신앙생활과 생활 규범', '덕행과 악행'을 다루면서, 도덕 생활을 하느님(하나님)께 향하는 영적 순례로 이해했다.[28]

16세기말 동아시아로 파송된 예수회 선교사들은 단순히 서양 기독교만 전하는 것이 아니라 당대 중국보다 발전된 르네상스 시기의 자연학과 기술 등도 전한다. 중국 진출이후 수세기에 걸쳐 중국에서 이루어진 예수회의 지적, 종교적 도전의 결과를 서학[29]이라고 하고 그들의 학문 활동 과정과 결과가 漢譯西學書이다. 漢譯西學書를 통해 서양선교사가 이식한 서양 윤리사상의 흔적을 살펴보자.

서학윤리사상은 가톨릭 윤리신학[30]에 그 바탕을 두고 있으며, 동아시아 사상과의 만남을 통해 중국과 조선에 펼친 윤리사상이다. 달리

India(1905); A. L.A. Baird, *Fifty Helps for the Beginner in the Use of the Korean Language*(1926).

[28] 심현주, 『그리스도교 사회윤리 기초』, 분도출판사, 2009, 7~8쪽.

[29] 김선희, 『서학, 조선 유학이 만난 낯선 거울 - 서학의 유입과 조선 후기의 지적 변동』, 모시는사람들, 2018, 15쪽.

[30] 윤리신학이라고 표현한 것은 가톨릭의 전통에 표기한 것이다. 윤리신학이라는 용어는 라틴어 '도덕신학 Theologia Moralis'에서 왔고, 이때부터 '도덕'과 '윤리'가 동의어로 사용되었고, 키케로가 '도덕철학 Philosophia Moralis'을 처음 사용하였는데 그것은 그리스어 에토스의 의미였다. 그 후 도덕과 윤리는 서로 뒤 섞여 사용되면서, 어원만 다를 뿐 동의어로 인식되어 왔다. 심현주, 앞의 책, 26쪽.

말하면 아리스토텔레스와 토미즘의 후예이며,31) 성리학과의 만남을 통해 변용된 윤리사상이라고 볼 수 있다.32)

박물관 소장본 漢譯西學書33) 가운데 윤리사상을 담고 있는 것은『天主實義』,『七克』과 신앙생활서라 할 수 있는『敎要序論』,『盛世芻蕘』가 있다. 그리고 韓譯西學書로는『텬당직로』,『셩찰긔략』이 있고, 한글서학서는로는『류한당언행실록』,『쥬교요지』,『遵主聖範』이 있다.

〈표 1〉漢譯西學書(서학윤리사상)34)

No.	서명	저자	간행년도	출판 · 인쇄소	비고
1	天主實義	利瑪竇 Mateo Ricci	1935, 6판	土山灣印書館	
2	七克	龐迪我 P. Pantoja	1917	京都始胎大堂	
3	敎要序論	南懷仁 F. Verbiest	1669?		
4	盛世芻蕘	憑秉正 De Maila	?	?	

---

31) 토마스 아퀴나스는 아리스토텔레스의 학문분류에 따라 사변적 철학(자연학, 수학, 형이상학, 신학 등)과 실천적 철학(윤리학, 가정학, 정치학)으로 나누었고, 실천적 학문(철학)의 고유함을 "인간적 행위들을 행위들 상호간의 질서와 목적과의 관계되는 측면에서 다루는 데" 있다며, 윤리철학을 monastia(개별윤리학, 한 인간의 목적으로 정향된 행위들을 고찰하는 것), oeconomica(가정윤리학, 경제학, 가정 공동체의 행위를 고찰하는 것), politica(정치학, 국가 공동체의 행위를 고찰하는 것)으로 이해한다. 박승찬, 「아리스토텔레스의 학문 체계에 대한 중세의 비판적 수용 - 토마스 아퀴나스의 주해서를 중심으로」,『중세철학』9, 한국중세철학회, 2003, 150~154쪽.

32) 오지석,『서양기독교의 주체적 수용과 변용 - 갈등과 비판을 넘어서』, 푸른영토, 2018, 180쪽.

33) 박물관 소장 한역서학서는 중국에서 간행한 것과 그것을 번역하여 한글 필사본으로 유통하거나 목판본으로 발간한 것 그리고 연활자본으로 인쇄한 것으로 그 인쇄방법이 바뀐다. 그 과정 또한 근대공간으로 문화의 장이 열리는 것이라 할 수 있다.

34)『天主實義』,『七克』에 관한 소개와 연구는 쉽게 찾아 볼 수 있지만,『敎要序論』과 『성세추요』에 관한 소개와 연구는 드물다.『교요서론』에 대한 연구는 노용필이 번

No.	서명	저자 / 역자	간행년도	출판·인쇄소	비고
1	텬당직로	안안도니 편역 Daveluy	1864	천주교회	1884년 연활자본
2	텬주성교예규상권	안안도니 편역 Daveluy	1896	?	
3	성찰긔략	안안도니 장시메온 감준	1864		연세대학술정보원, 서강대도서관

역해 출판한 2013년『교요서론: 18세기 조선에서 유행한 천주교 교리서』(한국사학) 이 있으며,『盛世芻蕘』에 관한 연구는 원재연, 「성세추요(盛世芻蕘) Ⅰ」,『부산교회사보』35, 부산교회사연구소, 2002.7; 원재연, 「정조대 처사 홍정하의 천주교교리서 비판과 천주교 인식」,『동국사학』64, 동국대학교 동국역사문화연구소, 2018; 원재연, 「조선후기 천주교 서적에 나타난 '良知說'에 대하여」,『양명학』20, 한국양명학회, 2008.『教要序論』은 벨기에 출신 예수회 선교사 베르비스트(南懷仁)가 지은 가톨릭 교리서이다. 숭실대 소장본은 1669년 중국 북경에서 간행된 초간본으로 추측된다. 이 책은 초기 가톨릭 신자들에게 큰 영향을 주었다. 특히 천주의 상벌에 대한 생각은 후에 다산과 그 형제들에게 영향을 주었다. 64편으로 구성되어 있는데, 내용을 세 부분으로 나누어 볼 수 있다.『盛世芻蕘』는 프랑스 출신 예수회 선교사 마이야(憑秉正)가 지은 한문 교리서이다. 이 책은 소원편(溯源篇), 구속편(救贖篇), 영혼편(靈魂篇), 상벌편(賞罰篇), 이단편(異端篇) 등 모두 5편으로 구성된 대중적 교리서이자 호교론서이다. 1733년 북경에서 초간 된 이후 여러 차례 간행 보급되었으며 1733년 북경에서 5권으로 간행한 후 여러 차례 간행 보급되었다.

35)『텬당직로』는 전해진 시기나 누가 번역했는지 확인 되지 않지만 1864년 필사본으로 전해오다가 1864년 서울에서 목판본으로 간행되었고, 1884년에 일본 요코하마에서 블랑 부주교의 감준으로 간행되었으며, 1900년, 1915년 민 아오스딩 주교의 감준으로 간행된 신앙서적이다. 본문 내용 가운데 천당으로 가기 위한 방법과 은총론을 제시하고 있는 데, 常生(永生)을 얻으려면 공을 세워야하는데 선한 일, 선한 뜻, 천주의 은총이 있어야 한다는 내용이다. 그리고 성악설 입장에서 악한 인간의 본성을 은총을 통해 순화시키려 하는 은총론에 주목할 만하다.『성찰긔략』은 1864년 다블뤼 주교가 저술한 고해성사 준비를 위한 성찰서이며 윤리신학서이다. 모리스 꾸랑의『한국서지』에서는 1864년, 1882년, 1890년 판본이 존재한다고 하였다. riss 엔진에서는 1890년 판본 소장처로 단국대학교 율곡기념도서관, 연세대학교 학술정보원을 제시하고 있다. 연구논문으로는 정영아, 「일본문학(日本文學), 일본학(日本學) : 소장문고본(小倉文庫本)「천주십계(天主十戒)」필사의 배경 -『성찰긔략』을 중심으로」,『일어일문학연구』75:2, 한국일어일문학회, 2010이 있다.

<표 3> 한글서학서(서학윤리사상)[36]

No.	서명	저자	간행년도	출판 · 인쇄소	비고
1	류한당언행실록		1935, 6판	土山灣印書館	
2	쥬교요지	정약종 박요왕 감준	1885 중간		목판본
3	遵主聖範	Thomas, Kempis	1938	덕원분도수도원	

서학의 윤리사상은 유교의 인간 중심적 윤리 방향과 관습에 대해 기독교적 도전이라고 할 수 있다. 서학서에서 강조하고 있는 것은 神 중심적 윤리관으로 방향전환이다. 기독교윤리사상은 특징인 인간의 윤리적 행동의 근거를 '신의 명령', '신의 보상'에서 찾고 있다. 서학서들은 비록 유교의 용어와 범주를 사용하지만 그 내용은 다르다. 빤또하는 인간이 도덕적으로 선해야 하는 이유를 '보상'과 연결해 제시한다. 유학자들의 입장은 '보상'과 상관없이 인간이기 때문에 마땅히 도덕적이어야 한다는 것이다. 빤또하는 유학자들의 이러한 입장, '유교가 보상에 무관심하기 때문에 선을 행해야 한다는 백성들의 의지를 실제로 약화시켜왔다'고 비판한다.[37] 정조시대 洪正河는『盛世芻蕘』에서 다루는 서학윤리사상을『盛世芻蕘證疑』에서 평등사상에 입각한 일부일처제 주장을 비판하고, 천주대군대부설, 제사무용론에 대해 강상에 입각해 비판한다.[38] 그 또한 가톨릭의 윤리사상을 전하고 그것을 실천하도

36) 최근 위작에 대한 논의가 나오며, 천주교의 윤리사상이 녹아있지 않고 그 당대의 내훈 같은 것이라는 비판도 있다. 하지만『류한당언행실록』은 서학의 전래시기와 근대전환공간에서의 여성의 모습을 그려 볼 수 있는 자료로 가치가 있다.

37) 오지석, 「동서 기독교 윤리학의 가교로서의 서학 윤리사상」, 『기독교사회윤리』 21, 한국기독교사회윤리학회, 2011.

38) 원재연, 「정조대 처사 홍정하의 천주교리서 비판과 천주교 인식」, 『동국사학』 64, 동국대학교 동국역사문화연구소, 2018, 183쪽.

록 십계명과 산상수훈 등을 유럽의 얀세니즘과 합유론적 방식으로 접근하고 있을 뿐만 아니라 교회의 윤리서[39]에 근거하여 윤리 기준을 새롭게 정립하고자 했다. 특히 한역서학서를 통한 축첩제 금지, 혼인 관계와 방법의 변화(개가허용, 자유혼인, 신자간의 혼인, 동정생활), 그리고 형제애에 대한 제시와 교육은 성리학 중심의 세계를 흔든 것이다.[40]

서학서들을 연구하고 호교론을 펼친 정하상은 「上宰相書」에서 서양 선교사들에 의해 이식된 서양 윤리사상을 유교의 언어로 주장한다. "천주교가 강상명교(綱常名教)를 논할 자격이 없다"고 한 것은 유교적 입장에서 평가한 것일 뿐, 천주교는 '10계명'을 통해서 충효(忠孝)의 윤리를 지키도록 가르치고 있고, 평등사상에 입각하여 벗과의 신의(信義, 朋友有信)를 강조하고 있으며, '칠극(七克)' 등을 통해서 인격수양에 필요한 근면, 겸손, 절제, 관용 등의 덕성(德性)을 함양하도록 교훈을 주는 학문이므로 유교와는 다른 윤리도덕 체계를 갖춘 '강상명교'라고 할 수 있다.[41]

한국 가톨릭 신자들에게 조선사회 안에서 건실한 백성으로 살아갈 수 있는 윤리 규범을 제시하고자 했던 안안도니 신부는 1864년 『성찰긔략』을 펴낸다. 이 책의 서에서는 행위에 대한 윤리적 판단 기준과 양심을 성찰하는 태도와 방법 등을 소개하고, 본문에서는 천주십계(신자로서 경계해야 하거나 지켜야 할 일), 성교회사규(천주교회에서 정하는 교리적인 신앙행위를 위반하는 죄), 칠죄종(인간이 지을 수 있는 7가지 죄-교오, 간린, 미색, 분노, 탐도, 질투, 해타)을 제시하면서 그에 대한 성찰을 이야기한다. 이런 노력은 가

---

[39] 『천주십계』, 『성찰긔략』 등의 韓譯西學書가 이에 해당한다고 할 수 있다.
[40] 오지석, 「한국기독교윤리학, 그 처음 이야기」, 『기독교사회윤리』 15, 한국기독교사회윤리학회, 2008, 219쪽.
[41] 원재연, 앞의 글, 201~202쪽.

톨릭 윤리신학의 이식이라 볼 수 있다.[42]

3. 서양 프로테스탄트 선교사의 저술 및 번역서에 나타난 윤리[43]와 관련된 생각들(프로테스탄트의 윤리)

開港 이후 우리나라에 들어온 초기 프로테스탄트 선교사들은 외교관, 의사 혹은 교사 등 전문가 신분으로 활동하였다. 그들의 활동에 대한 아카이브가 충분히 구축되어 있지 않다. 특히 초기 선교사들의 자료들에 대한 수집과 디지털 아카이브 구축의 필요성[44]을 다시 강조하지 않아도 될 만큼 중요하다. 이 시기의 자료들은 근대전환공간에서 서양프로테스탄트 윤리사상의 이식과 변용의 과정을 추적할 수 있기 때문이다.

백종구에 따르면 초기 개신교 문헌에서 나타나는 기독교 윤리는 세 가지 특징, 첫째 성경적 규범(십계명, 교인들이 일상생활에서 지켜야 할 윤리적 규범), 둘째 기독교 신앙의 공리성(서구 사회의 문명의 진보가 기독교와 관련 있다는 생각), 그리고 전통종교에 대한 이중적 시각(성경의 규범과 전통윤리사상-충효,

---

42) 신하령, 「셩찰긔략」, 『한국기독교박물관 소장 기독교자료해제』, 숭실대학교한국기독교박물관, 2007, 392쪽.

43) J. M. 구스타프슨은 『신교와 구교의 윤리』(김희섭 역, 대한기독교출판사, 1984) 9쪽에서 "신교의 목사는 구교 도덕신학이 말하는 것과 같은 세련되고 구체적인 것을 설명하는 문헌을 필요로 하지 않는다. 그것은 신교 목사 스스로가 양심의 판단자도 행위의 심판자도 아니기 때문이다. … 신교에 있어서 윤리에 관한 연구 서적의 기능은 율법적이라기보다 오히려 교육적이었다고 하는 것이 타당할 것이다."라고 이야기 하고 있다. 이 같은 주장은 기독교문헌자료 가운데 윤리사상에 관한 것으로 성격을 어떻게 정의할까에 대해 도움이 된다.

44) 이 분야에 대한 연구로는 장윤금, 「우리나라 초기 외국인 선교사 자료의 디지털 아카이브 구축 필요성 연구(1800~1910)」, 『종보관리학회지』 30:4, 한국정보관리학회, 2013; 한미경·장윤금, 「개신교 교육 선교사들의 편지(1885~1942)-북미 기록관 소장 현황」, 『人文科學』 111, 연세대학교 인문학연구원, 2017.12 등이 있다.

일부일처제의 혼인 등 연결)을 나타낸다.[45] 박해남은 「대한제국기 개신교 윤리의 형성과 성격에 관한 연구」에서 선교사들이 전한 개신교 윤리는 자신들이 지켜왔던 윤리적 내용이라는 것이다. 그 예로 감리교 선교부에서는 1897년 프로테스탄트교인들이 지켜야 할 윤리표준을 만들었는데, 그 내용은 가족윤리의 준수, 금욕과 절제, 성실한 노동 등이었다. 선교사들은 선교의 열매로 음주, 흡연, 제사, 조혼, 축첩 등의 관습을 버리고 프로테스탄트 윤리를 준수하는 모습을 보고하였다. 선교사들은 조선인들에게 자신들이 제시하는 윤리 표준을 지속적으로 준수하면 교인의 자격을 주었고 그렇지 않은 경우는 교인자격을 박탈하기도 했다.[46] 이것은 洋夷가 자신들의 윤리사상을 이식하는 과정이라 할 수 있다.

한국 교회 초기 내한 선교사들은 '기독교 문명론'의 입장에서 조선인을 '하나님 나라의 백성'이 되도록 하는 것이었다. 다시 말해 서양 사회를 모델로 한 기독교 문명의 건설이라는 것이다. 선교사들은 회심(기독교화)과 문명화를 동일한 것으로 간주하였다. 이것은 위생과 게으름 등을 바라보는 태도에서 잘 나타난다. 그러면서 엄격한 청교도적인 신앙만 전하려고 하였다. 그래서 개신교 선교사들은 조선인 신자들에게 모든 육체적인 쾌락을 죄악으로 여기고 언제나 금욕적이면서 도덕적인 생활 태도만을 고수하도록 가르쳤다. 그들은 또한 음주, 도박과 더불어 흡연을 조선의 악습으로 규정하였다. 이것을 통해 생활 습관과 의식을 개조 하고자 하였다. 다시 말하면 그들은 새로운 삶의 질서, 새로운 사

---

45) 백종구, 「초기 개신교 선교부의 사회윤리」, 『교회사학』 1:1, 한국기독교회사학회, 2001.

46) 박해남, 「대한제국기 개신교 윤리의 형성과 성격에 관한 연구」, 『한국기독교역사연구소소식』 81, 한국기독교역사연구소, 2008, 6~7쪽.

회 원리, 새로운 윤리의 도입을 통해 문명개화를 이룩할 수 있다고 생각하고 실천했다.[47]

19세기 중국에서 활동했던 프라이어 선교사의 『西禮須知』, 장로교 목사인 송인서가 번역한 『칠극보감』을, 선교사와 한국인의 혼인론에 관한 다양한 서적들, 평양 숭실의 교재 등 박물관에 소장되어 있는 문헌자료들을 통해 새로운 윤리사상의 이식 과정을 추적해보자.

<표 4> 프로테스탄트 선교사의 저역서

No	서명	저자	간행년도	출판·인쇄소	비고
1	天道溯原	丁韪良 W.A.P. Martin	1893 重定印	中國聖敎書會	연세대 학술정보원/
2	西禮須知	傅兰雅 John Fryer	1902	학부편집부	연세대학교 학술정보원/ 서울대학교 중앙도서관/ 경북대학교 중앙도서관/ 단국대 율곡기념도서관
3	서례슈지	학부편집국 편	1902	학부편집국	서울대학교 중앙도서관/ 연세대학교 학술정보원
4	리가요록 (理家要錄)	閔老雅 F. S. Miller	1911	예수교서회	서울대학교 중앙도서관/ 연세대학교 학술정보원
5	고영규전	安愛利 A.L.A. Baird	1911	조선예수교서회	
6	하느님의 돈 The Lord's Money	美羅, 김태진 공역 L.A. Miller	1919	조선예수교서회	

47) 조현범, 『문명과 야만 - 타자의 시선으로 본 19세기 조선』, 책세상, 2005, 114쪽, 136쪽, 143쪽, 157쪽 참조와 인용.

7	교인의 혼례론	C. Ross	1922	조선예수교서회	
8	가뎡필지	虞國華 E.J.Urquhart	1923	時兆月報社	
9	酒草戒言	奇一 J.S. Gale	1923	조선예수교서회	광신대학교 도서관
10	基督敎社會思想 The Social Idea of Christianity	梅道挪 D.A.McDonald 최상현, 김관식 공역	1926	대한기독교서회	
11	人生問題와 그 解決	尹山溫/양주동 역 G.S. McCune	1934	崇實專文學校	경상대학교 도서관

<표 5> 신앙교리서

No.	서명	저자	간행년도	출판 · 인쇄소	비고
1	依經問答喻解	William Nast H.Liebhart	1880	福州美華書局	이화여대 도서관/ 연세대학술 정보원
2	耶穌敎問答		1887	中國聖敎書會 (美華書館)	
3	의경문답	William Nast 茂林吉 F. Ohlinger,	1893		연세대학술 정보원
4	성교촬리	양격비 Griffith John 元杜尤 H.G. Underwood	1894	죠션셩교서회	연세대학술정 보원/장신대 도서관
5	구셰론	馬布三悅 S.A.Moffett 최명오 공저	1895		연세대학술정 보원/장신대 도서관
6	미이미교회문답	趙元時 저 G.H. Johnes 孟晧恩 역 F.J.S. Macrae	1896		장신대 도서관(1902)

7	위원입교인규됴	馬布三悅 S.A.Moffett	1898. 4 판		爲願入敎人規 條(1895) 장 신대 도서관
8	예수교문답	네비어스 부인 H.S. Nevius 元杜尤 H.G. Underwood	1901	삼문출판사	연세대학술 정보원 (1894,1896,1 918년 본) 장신대 도서관(1894, 1918년 본
9	감리회문답	奇義男 W. G. Cram	1911	조선예수교서회	감리회쇼년문 답(1909) 연세대 학술 정보원 감리회문답 (1908) 연세대학술 정보원
10	미감리회강령과 규측	奇怡富/최명화 공역 E.M. Cable	1911	교문관인쇄소	
10	간략흔 시험	巴禹 주교	1913		러시아정교회 자료
11	고등문답	彼得 Alex A. Pieters	1914	조선예수교서회	
12	예수교의문해답	金瓏承	1917	金瓏承家 광문사	
13	조선예수교장로 회헌법	郭安連 편	1922	조선예수교서회	경희대 중앙 도서관/ 국립중앙도서 관(개정재판, 1932)/연세대 학술정보원, 경북대 중앙 도서관, 나사 렛대 도서관, 세종대 도서 관(정정재 판,1934)/ 대구가톨릭대 중앙도서관, 한신대 중앙 도서관(1936)

14	미감리교회법전	寄怡富 편집 E.M. Cable	1926	기독교창문사	
15	원입첩경	蘇悅道 Soltau, T.S	1933	조선예수교서회	장신대 도서관
16	조선예수교장로 회 신도와 소요 리문답		1937	조선예수교서회	

〈표 6〉 한국인의 저역서

No	서명	저자	간행년도	출판·인쇄소	비고
1	감리교회죠례	F.E.C. Williams 안창호 공편	1908		연세대 학술정보원
2	십계요해	오긔선 편술 모리스 교열	1911	평양 태극서관 경성제2태극서 관	연세대 학술정보원
3	혼인론	한승곤	1914	예수교서원 광명서관	
4	만ᄉ셩취 (萬事成就)	길선주 저술 기일 교열	1916	광명서관	고려대 도서관/ 장신대 도서관
5	예수의 교훈과 신자의 의무		일제강점기		필사본 한글
6	보비로온말	金二坤 편	1916	조선예수교서회	연세대 학술정보원
7	칠극보감	宋麟瑞 역술	1918	광문사	장신대 도서관 (스크랜톤 저)
8	금쥬미담	Tinling, Christine 채성석	1923	조선예수교서회	연세대 학술정보원

　　개항 후 개신교 선교사들은 활발한 문헌활동을 통해 서양기독교윤리사상을 전하고 이식하여 새로운 규범과 생활을 통해 문명개화로 이끌고자 했다. 내한 선교사로 문서사역을 하였던 벙커 선교사는 1903년 5월 1일부터 7일까지 서울에서 열렸던 제19차 조선감리회 연회에 「절제와 사회개혁 Temperance and Social Reform」이라는 보고서를 제출한

다. 여기서 주일성수, 술의 사용, 결혼, 도박과 노름, 담배와 권련의 사용, 노예 소유 등으로 이뤄진 규칙을 제시한다. 여기서 우리는 규칙적인 생활을 권장하고 술·담배·도박을 죄악시하는 청교도적 생활태도를 견지하고 노예 소유나 과부 매매 등을 야만적인 범죄행위로 규정하고 있다. 또한 조선사회의 폐단을 나태와 놀고먹으려는 태도, 흐릿한 시간관념 때문이라고 보고 근면과 저축, 절약하는 생활 태도를 강조하였다. 이런 주제는 저·역술하거나 신문 잡지 등에 기고하는 방식으로 그리고 교육을 통해 전파하였다. 이들은 조선인 개인에게 윤리적, 내면적 변화가 일어나 체화가 되면 외연으로 나타나 사회의 정돈, 자유, 부강 등 문명화가 자연스럽게 실현된다고 보았다.[48]

이들도 초기에는 중국의 한역서양서를 도입하였다. 특히 올링거처럼 중국에서 활동했던 선교사의 유입은 초기 문서, 문헌들을 서양식 인쇄를 통해 대량의 도서 확보와 독자의 탄생은 근대전환기의 문화적 변용을 가져왔다. 특히 서양기독교윤리사상에 대한 이식과 수용의 모습으로 드러난다.

위 〈표 4, 5, 6〉을 통해 알 수 있듯이 중국주재 선교사들의 책들이 학부편집부에 의해 복각되거나 번역 출판되고, 중국과 한국에서 활동하게 된 선교사에 의해 한글로 번역되기도 하며, 교리서 교육과 실천으로 교인을 만들어 가고, 한국인 스스로 새로운 윤리사상에 참여하여 이식된 것을 내면화를 통해 변용하는 모습을 추적해보았다.[49]

---

48) 위의 책, 157~162쪽.
49) 이에 대한 선행연구로는 이장형, 『기독교윤리학의 한국적 수용과 정립』, 북코리아, 2016이 있다.

Ⅲ. 아는 것과 보지 못한 것 사이

동아시아의 지식사회와 서양윤리사상 특히 기독교윤리사상과의 조우를 어떻게 표현할 수 있을까? 이 물음은 꼭 근대전환공간의 시대에 국한되는 것이 아니라, 번역을 통해 자신들의 생각을 전할 수밖에 없었던 16세기 이래 동아시아에 기독교를 전파하러 온 선교사들의 고민이었다. 그들은 교리소개와 교육을 통해 기독교인을 만들어가고 그들의 의식과 생활태도가 바뀌기를 원하였고, 직간접인 전달(이식)을 통하여 성과를 만들기도 했다.

한국기독교박물관 기독교자료에서 동아시아의 전통사상과 서양기독교윤리학이 조우하고, 기독교윤리의 한국적 수용 흔적을 추적하면서 결이 다른 두 흐름이 있었고, 그 흐름 속에 다른 층위의 서양기독교윤리사상이 나타나는 현장을 문헌분류를 통해 정리해 보았다. 물론 저역서 중심으로 연구를 하다 보니 풍부한 사례와 생생한 글들을 담아 연구하지 못했다는 한계가 있다. 장윤금 교수가 제언했던 것처럼 근대전환기의 우리사회를 이해하기위한 중요한 축으로써의 서양 선교사들의 다양한 아카이브를 디지털하고 허브를 구축해야 하는 일이 선행되어야 한국기독교사상의 기본 텍스트의 정본작업을 할 수 있을 것이고, 한국사상사에서 16세기 이후 특히 개항이후 유입된 서양 프로테스탄트사상의 영향을 잘 들여다 볼 수 있다. 그렇게 된다면 한국의 근대전환공간을 외래 사상의 이식, 갈등, 배척, 수용과 변용의 양태로 이어지는 이해하는 방법론으로써 문화의 메타모포시스를 발견할 수 있다.

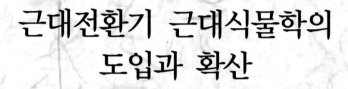

근대전환기 근대식물학의
도입과 확산

윤정란

근대전환기 근대식물학의 도입과 확산

I. 서론

한국은 19세기 말부터 정치사회적 혼란을 겪으며 서구의 근대적 물질과 기술문명을 수용해 근대화를 모색해 왔다. 그러한 근대적 전환공간에서 전통과 서양의 문화가 서로 충돌하면서 문화의 변형이 나타났다.

전통적 사회질서 체계의 원칙이었던 유학은 점차 그 지위를 잃고 서구 근대과학에 자리를 내주기 시작했다. 중국과 일본을 경유해서 도입되거나 서양 선교사들에 의해 직접 받아들인 과학은 실용학문으로 소개되었다. 유길준의 『서유견문』은 지식체계의 구조적 변화의 시발점이 되었다.

19세기 후반 한국에 도입되기 시작한 근대식물학은 사회 진화론과 연결되었다. 전통적인 식물 연구에서는 식물 분류가 특정한 목적에 따라 분류되었다. 그러나 근대식물학 도입으로 식물 분류학은 분류 자체를 목표로 하였다. 이를 통해 수많은 식물들이 분류되었고 학명이 부여되었다.[1]

이와 같은 근대 식물학은 개항 전후로 도입되었다. 그러다 1905년 을사늑약 이후 교과서로 발간되었다. 1904년 일본은 러일전쟁에서 승리한 후 한국의 외교권을 박탈하였다. 당시 서구 문명의 도입을 주장하던 많은 애국계몽 운동가들은 국권상실에 대한 위기감으로 다양한 학회와 수많은 사립학교를 설립하였다.

이러한 역사적 상황 하에서 다양한 종류의 자연과학 교과서와 식물학 교과서가 출판되었다. 1908년 일제는 교과서 검정 규정을 발표하였고 1910년 강제병합 이후 한국인들의 학술운동은 더 이상 전개되지 않았다.

지금까지 근대식물학과 관련된 연구는 대부분 일본 식물학자와 한국 식물학자 간의 교류에만 집중하였다.[2] 한국의 근대식물학의 발전을 설명할 때 간과되는 부분이 구한말 기독교 사립학교에서 사용했던 근대식물학 교과서이다. 한국 근대식물학의 발전과정에 대한 이해를 위해서는 이 부분도 반드시 고려되어야 할 것이다.

---

1) 조민제·이웅·최성호, 「『조선식물향명집』 "사정요지"를 통해 본 식물명의 유래」, 『한국과학사학회지』 40:3, 한국과학사학회, 2018, 552~553쪽.
2) 지금까지 근대식물학 연구는 대부분 일제강점기 근대식물학 연구의 변화과정에만 중심을 맞추었다. 이에 대해서는 이덕봉, 이정, 조민제, 이웅, 최성호 등의 연구를 들 수 있다. 이정은 박사학위논문을 통해 일제강점기 한국 식물학 연구를 집중적으로 규명하였다. 조민제·이웅·최성호 등은 민족주의적인 관점에서 일제강점기 한국 식물명이 부여되는 과정과 이 작업에 참여했던 식물학자들에 대해 고찰하였다.

이 글에서는 학계의 관심이 부족했던 근대 전환기 기독교 사립학교에서 사용했던 식물학 교과서를 중심으로 한국의 근대 식물학이 어떻게 도입되었으며 확산의 기틀을 마련했는지 살펴보고자 한다. 대표적인 예가 1891년 북장로교 선교사로 방한한 애니 베어드(Annie L. A. Baird)의 식물학 교과서이다.[3] 따라서 한국 근대식물학의 발전과정을 새롭게 재조명하기 위해 이러한 역사적 과정을 이 글에서 밝히고자 한다.

Ⅱ. 근대 식물학의 도입과 애니 베어드의 『식물도셜』

1. 근대 식물학의 도입과 식물학 교과서의 출판

1896년 개항 전후로 해서 서양의 근대식물학이 조선에 들어오기 시작했다. 그 시기 서양의 근대 과학기술서적에 지대한 관심을 가졌던 조선정부는 중국에서 번역된 자연과학 서적들을 도입하였다.

조선 정부는 중국, 일본, 그리고 미국 등에 외교사절단을 파견하여 국제정세를 파악하고 통리기무아문을 설치하여 통상과 서양 문물을 받아들였다. 1870년대 말 이후 중국에서 서양 한역번역서 220종 이상을 수집하였다. 160종이 현재 남아 있다.[4]

이때 처음 식물학 책도 수집되었다. 이 식물학 책은 영국인 알렉산

---

3) 오지석 「해제: 개화기 조선 선교사의 삶」, 『Inside Views of Mission Life(1913): 개화기 조선 선교사의 삶』, 도서출판 선인, 2019, 14~21쪽에서 애니 베어드에 대한 자세한 내용을 참조.
4) 소장처는 규장각한국학연구원, 서울대학교 중앙도서관, 숭실대학교 기독교박물관, 이화여자대학교 중앙도서관, 고려대학교 중앙도서관 등이다(김연희, 『한역 근대과학기술서와 대한제국의 과학』, 혜안, 2019, 41쪽).

더 윌리엄슨(Alexander Williamson, 韋廉臣)이 집역(輯譯)하고 중국인 이선란(李善蘭)이 필술(筆述)한 『식물학』이었다. 집역자 윌리엄슨은 1877년 상해에서 조직된 익지서회(益智書會)를 감독하던 서양 학사 6인 중 한 사람이었다. 이 단체는 중국에서 선교와 근대 서양 지식 보급을 위해 조직되었다.[5] 『식물학』의 영어 원본은 영국 식물학자 로버트 손튼(Robert J. Thornton)이 1812년에 저술한 *Elements of Botany*였다. 이와 함께 도입된 또 다른 식물학 책은 영국 선교사 에드킨스(Joseph Edkins)가 중국어로 번역한 『식물학계몽』이었다. 영어 원본은 1877년 조지프 후커(J.D.Hooker)가 저술한 *Botany*였다.

지금까지 밝혀진 바에 의하면 이상설이 중국에서 수입한 식물학 관련 한역서를 필사하여 남긴 최초의 한국인이었다. 그는 관립 한성사범학교 교관이었다.[6] 이상설이 교관으로 있었던 한성사범학교는 서양 근대학문을 중심으로 교과목을 편성 및 운영하였고, '이과'와 '박물'이라는 교과목에 식물학이 포함되어 있었다.[7]

러일전쟁에서 일본이 승리한 후 1905년 을사늑약으로 대한제국은 일본의 보호국이 되었다. '문화 강국'이라는 자존감으로 충만한 재야 지식인은 커다란 충격을 받았다. 이들은 애국계몽단체를 조직하고 문명사회 건설을 위한 근대교육 보급에 노력을 아끼지 않았다. 이 때 학회

---

5) 허재영, 「근대 중국의 서양서 번역·보급과 한국 근대 학문에 미친 영향 연구」, 『한민족어문학』 76, 한민족어문학회, 2017, 23쪽. 서양 학사 6인은 북경의 정위량(丁韙良, 윌리엄 마틴), 연대의 위렴신(韋廉臣, 알렉산더 윌리엄슨), 등주의 적고문(狄考文, 칼빈 윌슨 매티어), 상해의 부란아(傅蘭雅, 존 프라이어)와 임낙지(林樂知, 알렌), 홍콩의 여역기(黎力基, 루들프 레슬러) 등이었다.

6) 자세한 것은 박영민 외, 「수학자 이상설이 소개한 근대자연과학: 〈식물학〉」, 『수학교육논문집』 25:2, 한국수학교육학회, 2011, 341~360쪽.

7) 박종석, 『개화기 한국의 과학교과서』, 한국학술정보, 2007, 41쪽, 224쪽.

를 비롯한 많은 계몽단체들이 조직되었다. 학회에서는 기관지인 학회지 발행을 통해 서양 근대학문을 소개했다. 이러한 과정에서 식물학도 소개되었고, 1907년 이후 여러 종류의 식물학 교과서가 출간되었다.[8] 1908년 이후 발간된 학회지에서도 여러 차례 식물학에 대해 연속적으로 실었다. 〈표 1〉은 이를 정리한 것이다.

〈표 1〉 대한제국기 학회지에 실린 식물학 관련 글

학회지 명	호수	날짜	제목	저자
서북학회월보	제4호	1908.9.1	식물학 개요	편집부
	제6호	1908.11.1	식물학 대요	편집부
	제7호	1908.12.1	식물학 대요	편집부
	제10호	1909.3.1	식물학 대요	편집부
	제18호	1909.12.1	식물학 대요	유해영
기호흥학회월보	제2호	1908.9.25	식물학	원영의(元泳義)
	제3호	1908.10.25	식물학	원영의
	제4호	1908.11.25	식물학	원영의
	제5호	1908.12.25	식물학	원영의
	제7호	1909.2.25	식물학	원영의
	제9호	1909.4.25	식물계의 약설	원영의
대동학회월보	제5호	1908.6.25	식물학	백운초자(白雲樵子)
	제11호	1908.12.25	식물학	백양거사(白陽居士)
	제16호	1909.5.25	식물학	백악거사(白岳居士)
	제18호	1909.7.25	식물학	이유응(李裕應)
	제17호	1909.8.25	식물학	이유응
	제20호	1909.9.25	식물학	이유응

8) 위의 책, 92쪽.

〈표 1〉과 같이 1908년부터 1909년까지 『서북학회월보』에서는 편집부에서 4회, 유해영이 1회 총 5회, 『기호흥학회월보』에서는 원영의가 총 6회, 『대동학회월보』에서는 백운초자, 백양거사, 백양거사 등이 각각 1회씩, 이유응이 3회 총 6회에 걸쳐 연재되었다. 유해영에 대한 자세한 이력은 현재 찾을 수 없으며 단지 1907년 2월 서북학회의 학회지 『서우』 제3호의 신입회원 명단에 포함되어 있다.

『기호흥학회월보』에 식물학 글을 연재한 원영의는 위정척사파인 유중교의 문하에서 학문의 기초를 닦았으며, 갑오개혁 이후 국제 정세와 나라의 위기를 자각하면서 근대교육제도의 기초에 힘썼던 인물이었다. 그는 애국계몽운동기에 80여 편의 저서를 남기고, 각종 학회의 회원 및 학회지에 논술문을 기고하였으며, 근대 학교를 설립하였다.9) 『대동학회월보』에 식물학 글을 실은 이유응은 대동학회 회원이며, 『대동학회월보』에 식물학 글 이외에도 화학, 물리학 등의 자연과학 관련 글들을 실었다.10) 학회지에 실린 식물학 글들은 모두 국한문혼용체였다.

같은 해에 식물학과 관련된 여러 교과서가 번역 · 출간되었다. 대표적으로 현채의 『식물학』, 정인호의 『초등식물학』, 윤태영의 『식물학교과서』, 애니 베어드가 번역 출간한 『식물도셜』 등을 들 수 있다. 윤태영은 한성사범학교를 졸업한 후 공립소학교 교원을 지냈으며, 법관양성소 교관이었다. 통신사 주사, 농상공부판임관, 보성관번역원 등으로 활동하였다. 그는 『식물학교과서』 이외에 『사범교육학』, 『한문학교과서』, 『중등지문학』 등을 번역 · 저술하였다.11) 정인호는 경기도 양주

---

9) 원영의의 생애와 저술 활동에 대한 구체적인 내용은 최미경, 「원영의의 『소학한문독본』연구」, 성균관대학교 교육대학원 석사학위논문, 1999을 참조.
10) 이유응, 「물리학」, 『대동학회월보』 14, 대동학회, 1909; 이유응, 「생리학」, 『대동학회월보』 18, 대동학회, 1909; 이유응, 「화학」, 『대동학회월보』 19, 대동학회, 1909.

출생으로 독립운동에 투신했던 인물이었다. 성균관에서 수학했고 25세 때 종친부의 참봉으로 관직에 나아갔다. 이후에는 궁내부 감중관과 경상북도 청도군수를 지냈다. 그는 부국강병을 위해 계몽운동과 식산흥업운동에 매진하였다. 독립문 건립운동에 건립 자금 희사, 창경궁 근처에 흥인학교를 설립하여 구국교육운동에 헌신하였다. 1906년 옥호서림을 설립하여 초등학교와 중등학교용 교과서 출판·보급에도 열성적이었다. 그는 『초등대한역사』, 『(최신) 초등소학』, 『(초등)동물학교과서』, 『(최신고등)대한지지』, 『국가사상학』, 『헌법요의』 등의 역서 및 저서를 남겼다.[12]

2. 애니 베어드의 『식물도셜』

여러 학회지에 연재된 식물학 글들과 식물학 교과서들이 무두 국한문혼용체였다. 이에 반해 애니 베어드가 출판한 『식물도셜』은 순 한글체였다. 이 책은 미국 식물학자 아사 그레이(Asa Gray)의 책을 편역한 것이었다. 그는 영국 식물학자이자 진화론을 주장했던 찰스 다윈(Charles R. Darwin)의 학문적 동료였다. 아사 그레이는 당시 미국 최고의 식물학자로서 이름이 널리 알려져 있었다. 애니 베어드가 편역한 아사 그레이의 식물학 책은 최고의 식물학 교과서였다고 할 수 있다.

1897년 그녀의 남편 베어드(William M. Baird)는 숭실학당을 시작하였다. 중학교 관제가 1899년 4월에 공포됨과 함께 1900년 가을학기부터 중등

---

11) 권두연, 「의진사(義進社)의 출판활동과 출판−교육 네트워크」, 『우리문학연구』 54, 우리문학회, 2017, 167쪽.
12) 정인호·조종만·안종화, 강영심 옮김, 『근대역사교과서−초등대한역사·초등본국역사』 4, 소명출판, 2011, 45~47쪽.

교육에 착수하였다. 1902년에서 1903년경 베어드는 숭실 교재로 사용하기 위해 지리, 세계사 등을 한국어로 펴냈다. 그 다음 산수, 대수, 천문학 등도 출간하였다. 그는 교육을 내실화하기 위해 많은 노력을 기울였다. 1906년 애니 베어드는『동물학』, 1908년『식물도셜』과『싱리학초권』등을 편역하였다. 베어드는 1908년『텬문략해』를 발간하였다.[13]

『식물도셜』에서는 풀과 나무의 성장, 성장의 배경, 그리고 성장의 목적 등을 분류학적 관점에서 설명하였다. 대한성교서회(Korean Religious Tract Society)에서 이 책이 출판되었다. 이 책의 번역은 차리석의 도움을 받았다. 차리석은 1904년 숭실중학교를 1회로 졸업한 독립운동가였다. 분량은 색인을 포함해서 총 259면이다. 현재『식물도셜』을 소장하고 있는 곳은 국회도서관과 숭실대학교 한국기독교박물관이다. 이 책을 출판한 대한성교서회는 내한선교사 언더우드(Horace G. Underwood), 헤론(John W. Heron), 올링거(F. Ohlinger) 등에 의해 1890년 장로교와 감리교 연합의 문서사업기관으로 설립되었다. 설립 당시에는 조선성교서회였으나 1897년에 대한성교서회로 명칭을 바꾸었다.[14]

1890년 애니 베어드는 베어드(William M. Baird)와 결혼했고, 1891년 북장로교 선교사로 한국에 왔다. 그녀는 1901년부터 숭실학당에서 교사로 활동했다.[15] 애니 베어드는 1901년 식물학 과목을 담당하였으며, 1908년에 교재를 출간했던 것이다.[16]

---

13) 숭실대학교,『숭실대학교 90년사』, 숭실대학교출판부, 1987, 149쪽.
14) 한국기독교역사연구소,『한국기독교와 역사』Ⅰ, 1989, 기독교문사, 206쪽.
15) 김승태 · 박혜진,『내한선교사총람』, 한국기독교역사연구소, 1994, 149쪽.
16) 숭실대학교 100년사 편찬위원회,『숭실대학교 100년사』, 숭실대학교, 1997, 82쪽, 89~90쪽. 숭실대학교 한국기독교박물관에서 소장하고 있는 근대교과서에 대해서는 한명근,「한국기독교박물관 소장 근대 자료의 내용과 성격」,『한국기독교박물관 자료를 통해 본 근대의 수용과 변용』, 도서출판 선인, 2019, 65~68쪽.

〈그림 1〉 애니 베어드의 『식물도설』

〈그림 1〉 애니 베어드의 『식물도설』

출처: 숭실대학교 한국기독교박물관 소장

『식물도셜』은 아사 그레이의 *Botany for young people and common schools : how plants grow*를 편역한 책이다. 이 책은 1858년 뉴욕의 아메리칸 북 컴퍼니(American Book Company)에서 출간되었다. 총 분량은 233페이지이다. 그레이는 미국 식물학의 아버지로 알려져 있다. 그는 미국 서부 식물의 목록을 작성하여 세계의 식물 목록에 올린 식물학자였다. 그레이는 1810년 뉴욕 북부 작은 도시에서 태어났다. 그는 의과대학 재학시 뉴욕 최고의 식물학자 존 토리(John Torrey)와 함께 식물표본을 채집하였다. 이를 통해 그는 식물학에 대한 연구를 심화시켰다. 그레이는 유럽의 식물표본관 견학을 하면서 다윈, 윌리엄 후커(William Hooker), 그리고 그의 아들인 조지프 후커(Joseph Hooker) 등과 같은 당대의 유명한 박물학자들을 만날 수 있었다.

1842년 그레이는 하버드대학교의 박물학 교수가 되었다. 그는 식물 연구를 하면서 찰스 다윈, 조지프 후커 등과 서신을 왕래하면서 찰스 다윈의 이론에 대해 토론을 벌였다. 다윈이 그레이에게 북아메리카 식물에 관한 자료의 도움을 요청한 이후 두 사람은 정기적인 서신을 통해 식물에 대한 많은 토론을 이어나갔다. 다윈은 1859년 『자연선택에 의한 종의 기원(Origin of Species by Means of Natural Selection)』을 출간했으며, 1871년에는 『인간의 유래(Descent of Man)』를 내놓았다. 이 책들은 큰 논란을 불러일으켰다. 그레이는 다윈의 진화론을 적극적으로 지지했고 미국 식물학자 중에서 진화론을 믿는 대표적인 학자가 되었다. 그러나 그는 식물 연구에서 다윈의 진화론을 지지했지만 진화론도 신의 계획에 의한 것이라고 믿었다.[17] 아사 그레이는 다윈과 정기적인 서신 왕

17) 로버트 헉슬리, 곽명단 옮김, 『위대한 박물학자』, 21세기 북스, 2009, 286~291쪽; 카렌 암스트롱, 오강남 감수, 정준형 옮김, 『신을 위한 변론: 우리가 잃어버린 종교의

래를 하는 중에 앞서 언급한 책을 출간했다. 그레이의 영어 원본은 총 233면이며, 애니 베어드가 번역한 책은 259면이었다. 애니 베어드의 책은 그레이보다 면수가 더 많지만 전부 번역되지 않았다. 영어 원본은 파트 1과 파트 2로 구성되어 있다. 애니 베어드의 번역본은 총 5장으로 구분되어 있다. 영어 원본에서 파트 1은 총 4장 총 330절로 이루어져 있다. 그런데 애니 베어드는 파트 1을 1장에서 4장으로 다시 구성해서 233절로 끝냈다. 영어원본 파트 2의 식물 과명(科名)은 총 105개 군으로 구분했다. 이에 대해 애니 베어드도 영어 원본과 똑같이 번역하였다. 그레이는 영어 원본에서 성경 즉 마태복음 6장 28절에서 29절까지를 인용하면서 책을 시작하였다.

들의 백합화가 어떻게 자라는가 생각하여 보라. 수고도 아니하고 길쌈도 아니 하느니라. 그러나 내가 너희에게 말하노니 솔로몬의 모든 영광으로도 입은 것이 이 꽃 하나만 같지 못하였느니라(저자: 현대 성경 인용).[18]

애니 베어드도 똑같이 이를 그대로 번역하였다. 그녀는 다른 번역 출간한 식물학 책이 모두 융희 2년으로 되어 있는 것과는 달리 번역 출간 날짜를 두 가지로 표기하였다. 하나는 "구주 강생 1908년", 또 다른 하나는 "대한 융희 2년 무신"이었다. 번역한 책은 다음 〈표 2〉와 같이 총 5장으로 구성되어 있다.

참 의미를 찾아서』, 웅진 지식하우스, 2009, 380~381쪽.

[18] Asa Gray, *Botany for young people: How plants grow*, New york: American book company, 1858, p.1; Consider The Lilies of the field, how they grow: They toil not, neither do they spin: And yet I say unto you, that even solomon in all his glory was not arrayed like one of these. Mattew vi.28, 29.

<표 2> 『식물도셜』의 내용 구성[19]

목차	내용
제1장 촉이 자라는 것과 기계가 어떠함인데	초목의 성장과 식물의 전체적인 구조와 기능에 대한 설명이었다. 번역자는 식물의 전체적인 구조와 기능을 "풀기계"라고 번역하였다.
제2장 초목이 성하는 것인데	식물의 번식에 대한 부분이었다. 식물의 눈, 씨, 줄기, 열매와 씨 등을 다루었다.
제3장 초목이 자라는 까닭은 무엇이오, 무슨 쓸데 있어 만들었으며 풀의 하는 일이 무엇이오	식물의 성장 목적과 식물의 활동 등에 대해 다루었다. 식물을 만든 이유에 대해 공부하는 것은 하나님이 세상을 창조할 때 왜 초목을 만들었는지에 대해 설명을 할 수 있어야 하기 때문에 다룬다고 밝혔다. 식물의 성장 목적은 첫째 동물이 식물을 통해 양기(산소)를 마셔야 하기 때문이고, 둘째는 동물의 먹이로서 필요하고, 셋째 동물이 병들었을 때 치료제로서 사용해야 하며, 넷째는 한국인들을 비롯해 다른 나라 사람들의 입을 옷 재료로서 필요하고, 다섯째는 사람이 사용하는 기계와 집 지을 재료, 여섯째는 사람이 불을 지필 때 필요하며, 일곱째는 여러 가지 기름, 황초, 육초를 얻을 수 있고, 여덟째는 식물로 사람 몸을 덥게 할 수 있는 것 등이라고 하였다. 즉 사람이 살아가는 데 필요한 것을 제공한다는 의미였다. 영어 원본과 똑같이 번역자는 여기에서 성경 구절을 인용하였다. 마태복음 6장 28절에서 31절이었다. 즉 하나님이 식물을 만든 이유는 다음과 같이 동물과 사람의 생존을 위한 것이라는 설명이었다.
제4장 초목을 나누는 것과 공부하는 것인데	식물 구분에 대한 내용을 다루었다. 첫째는 현화식물부, 둘째는 은화식물부 등으로 구분해서 설명했다. 제5장에서는 과(科)에 대한 구분을 설명하였다. 당시 과(科)를 '족속'으로 표기하였으며, 이는 'family'를 번역했다. 영어 원본에서와 똑같이 총 105개 과를 모두 번역해서 실었다.
제5장 족속을 나누어 공부할 것이라	영어원본과는 달리 번역본에서는 식물명목과 족속명목을 18면에 걸쳐 정리해 놓았다. 식물명목은 가나다순으로 86개를 한글과 한자로 표기해 놓았다. 학명 115개를 가나다순으로 정렬하고 라틴어의 한글 발음과 라틴어를 함께 기술해 놓았다.
색인	마지막에는 영어원본과 같이 색인도 포함되어 있다. 전체적으로 영어원본에 비해 번역본은 줄여서 번역했기 때문에 색인은 영어원본에 비해서 소략하다. 식물 용어 색인에 대해서는 부록으로 실었다.

19) 애니 베어드 역, 『식물도셜』, 대한성교서회, 1908, 99~105쪽.

Ⅲ. 일제강점기 식물학 교재와 애니 베어드의『식물학』

1. 일제강점기 식물학 교과용 도서

1910년 강제 병합으로 조선총독부가 설치되었다. 조선총독부는 모든 교과용 도서에 대해 인가를 받도록 강제했다. 일본어는 국어로 되었고 한글은 한문과 함께 제2외국어가 되었다.[20] 이런 까닭에 교과용 도서는 일본인들이 출판한 일본어 교재가 주류를 이루었다.

1895년 교과서 검정이 학부 관제 공포로 출발했을 때 만해도 교과서 검정에 대한 특별한 규정은 포함되지 않았다. 학부에서 여러 종류의 교과서를 편찬한 까닭이었다. 그 후 점차 학부를 비롯하여 민간에서 출판하는 교과서가 늘어나자 1900년 중학교 관제 반포를 통해 학부에서 인정한 교과서만 사용하도록 강제하였다. 1906년 통감부가 설치된 이후 "학부편찬 보통학교 교과서용 도서의 발행규정"을 학부령으로 공포하였다. 이후 각 학교에서 교과용 도서를 사용하려면 학부의 청구 및 인가를 받아야 했다. 1908년 '교과용도서검정규정'과 '사립학교령' 공포로 사립학교에서 사용하는 교과용 도서는 학부가 편찬했거나 혹은 학부대신의 검정을 받은 것 중에서 선택하도록 규정하였다. 만일 다른 도서를 사용할 때에는 학부대신의 인가를 받아야 했다. 이로 인해 학부가 편찬한 도서의 급대와 발매가 증가하였고, 일본 서적 수입이 늘어났다.[21]

---

[20] 김형목,『한국독립운동의 역사 35 – 교육운동』, 한국독립운동사편찬위원회 · 독립기념관 한국독립운동사연구소, 2009, 39~46쪽.
[21] 한명근 외,『통감부 설치와 한국 식민지화』-한국독립운동의 역사 3, 한국독립운동사편찬위원회 · 독립기념관 한국독립운동사연구소, 2009, 129~136쪽.

일제는 한국을 강제로 병합한 후 모든 서적들을 검열하였다. 출판원고에 대한 사전 검열과 원고 검열에 통과하더라도 납본 후에 재검열을 받도록 했다. 이미 출판된 서적도 발매 금지와 압수 조치가 내려지도록 법규를 규정하였다. 1910년부터 1914년까지 약 100종의 도서가 금서로 지정되었다.[22]

을사늑약 이후 학부와 강제병합 이후 조선총독부에서 발간한 식물학 교과용 도서 중에서 1915년까지 검정, 검정무효, 인가 등의 실태는 다음 〈표 3〉과 같다.

〈표 3〉 식물학 교과용 도서에 대한 검정, 검정무효, 인가 등의 실태[23]

책명	출판년도	저자/편자/역자	발행인	발행소	승인유형
신찬소박물학	1907	유성준	김상천	安峴普文社	1910년 학부검정 1912년 총독부검정 1913년 검정 1914~15년 검정무효
신찬소박물학	1907	국민교육회		國民教育會	1912~15년 총독부인가
신편박물학	1907	이필선		普成館	1910년 학부인가 1912~15년 총독부인가
최신박물학교과서	1910	이관희	이관희	中央書館	1912년 총독부검정 1913년 검정 1914~15년 검정무효
식물학	1908	현채	현공렴		1910년 학부인가 1912~15년 총독부검정 1913년 검정무효
식물학교과서	1908	윤태영		普成館	1910년 학부인가 1912~15년 총독부인가
초등식물학	1908	정인호	정인호	玉虎書林	1910년 학부검정 1912년 총독부검정 1913년 검정 1914~15년 검정무효
식물학	1913	애니베어드		야소교서회	1914~15년 총독부인가

22) 서민교, 『1910년대 일제의 무단통치』-한국독립운동의 역사 4, 한국독립운동사편찬위원회 · 독립기념관 한국독립운동사연구소, 2009, 168~171쪽.

최근식물학	1914	최명환 김동혁	노익형		1914-15년 총독부인가
수정최근 식물학	1915	김동혁	노익형		1915년 총독부인가
식물학문답		富山房編輯局		富山房	1910년 학부인가
신편식물 교과서	1907	千葉敬止 香月喜六		興文社	1913-15년 총독부인가
개정최신 식물학교과서	1909	伊藤篤太郎		三崇堂	1910년 학부인가 1912-15년 총독부인가
근세식물학교과서	1909	大渡忠太郎	서야호길	開成館	1910년 학부인가 1912-15년 총독부인가
식물계신 교과서	1911	後藤嘉之		六盟館	1910년 학부인가 1912-15 총독부인가
중등식물학 강요	1912	志賀 實		元元堂	1914-15년 총독부인가
고등여학교용 생물교과서	1913	高等女學校理 科研究會		元元堂	1914-15년 총독부인가
보통교육 식물학교과서	1913	藤井健太郎		開成館	1914-15년 총독부인가
신편식물학 교과서	1914	三宅이일, 野原茂六		明治書院	1915년 총독부인가

〈표 3〉에서 1915년 이후 사용할 수 있는 식물학 교과용 도서는 대부분 일본서적들이었다. 총 19종 중에서 국한문으로 되어 있는 것이 8종이고 순 한글이 1종, 나머지 10종이 일본어였다. 국한문 도서는 한국인 저술이다. 이 중에서 국민교육회의『신찬소박물학』, 이필선의『신편박물학』, 윤태영의『식물학교과서』, 최명환·김동혁의『최근식물학』, 김동혁의『수정최근식물학』등은 사립학교에서 계속 사용할 수 있었다. 순한글로 된 애니 베어드의『식물학』은 1908년 출간된『식물도셜』을 개정·출판한 것이었다.

일본어 식물학 교과용 도서는 18세기 중반 이후 일본에서 유럽 식물학을 도입한 이후 그 기반 위에서 집필되었다. 19세기 초반 일본 난학자들은 유럽 식물학에 대한 관심이 매우 커졌으나 단순히 서구 문화에

---

23) 박종석, 앞의 책, 92~93쪽.

대한 호기심 정도였다. 1877년 도쿄제국대학(東京帝國大學)이 설립되면서 생물학과가 만들어졌다. 도쿄제국대학 식물학과는 학술적 연구를 통해 일본 과학계의 위상을 높이려고 하였다. 식물학을 가르쳤던 초대 교수는 야타베 료오키치(矢田部良吉)였다. 그는 미국 코넬대학에서 생물학 학위를 받았고 영어로 강의했다. 야타베는 식물분류학과 계통학을 주로 가르쳤다. 일본 식물학계는 유럽식물학을 도입한 난학자들이 중심이었고 야타베는 주류가 되지 못했다. 그래서인지 1894년에 식물학자인 에두아르트 슈트라스부르거(Edward Strasburger)를 비롯한 네 명의 독일 교수들이 출간한 대학용 교과서 *Lehrbuch der Botanik*를 1910년 도쿄농과대학 조교수 미야케(三宅驥一)와 쿠사노(草野俊助)가 『에드아르트 슈트라스부르거 식물학』이라는 책으로 번역 발간하였다.24) 이 책은 1913년에 개정·발간되었다. 이와 같이 일본 식물학계는 유럽 식물학 특히 독일 식물학의 영향이 컸던 것으로 보인다.

일본에서 근대 식물학의 발전은 느리게 진행되었다. 도쿄제국대학 이외에 다른 대학에 생물학과가 개설된 것은 1918년 이후였다. 교토제국대학(京都帝國大學)은 1918년, 도후쿠제국대학(東北帝國大學)은 1923년에 개설되었다. 일본에서 근대식물학이 대학 교육과 함께 제도적으로 확산된 시기는 1920년대부터였다고 할 수 있다.25)

이런 이유에서인지 1907년에 출간된 일본어 식물학 교과용 도서인 오오와타리 추우타로우(大渡忠太郎)의 『근세식물학교과서』를 보면 유성준이 『식물학교과서』에서 주장한 내용과 흡사하다. 제11과 '식물과 인

---

24) 三宅驥一·草野俊助, 『エドワ-ド ストラスブルガ 植物學』, 隆文館, 1910.
25) 이정, 「식민지 조선의 식물연구(1910-1945)」, 서울대학교 박사학위 논문, 2013, 27~41쪽.

생'에 의하면 식물학 연구의 목적이 이용후생이라는 것이었다. 동물과 식물이 상호 의지하며 생존하는 것처럼 인간도 식물에서 재료를 얻어 의식주를 해결하기 때문에 식물의 형태 생리를 연구하여 인간의 삶에 응용하는 것이 중요하다고 강조하였다. 깊이 학술적으로 연구하여 이용후생을 도모하여 국민 복리를 증진시켜야 한다고 주장했다. 그래서 유용한 식물로 식용식물, 관상식물, 공업식물, 약용식물 등으로 구분해 놓았다.[26]

2. 애니 베어드의 『식물학』

애니 베어드가 번역한 교과용 도서들은 모두 학부와 총독부의 인가 혹은 검정을 받아서 숭실대학에서 교재로 사용하였다. 1920년 당시 숭실대학에서 교과용 도서로 사용된 39권 가운데 총독부 편찬 교과서는 2권만 해당되었다.[27] 그러므로 애니 베어드가 번역 출간한 교과용 도서들은 1920년대에도 계속 사용되었던 것으로 추정할 수 있다.

1906년 출간한 『동물학』은 1910년 학부 인가를 받았으며, 1912-1915년 총독부의 인가도 받았다. 1908년에 출간한 『싱리학초권』도 1910년 학부 인가를 받았으며, 1915년 총독부 검정을 받았다. 그녀는 기존의 『식물도셜』을 개정하여 1913년 『식물학』 책을 일본 요코하마(橫濱)의 복음인쇄합자회사(福音印刷合資會社)에서 인쇄해서 야소교서원에서 출간하였다.[28]

일제는 한국을 강제로 점령한 이후 관립학교의 교원을 거의 일본인

---

26) 大渡忠太郎, 『近世植物學敎科書』, 開成館, 1907, 149~152쪽.
27) 숭실대학교 120년사 편찬위원회 편, 『민족과 함께 한 숭실 120년』, 숭실대학교 한국기독교박물관, 2007, 106쪽.
28) 애니 베어드, 『식물학』, 야소교서원, 1913.

으로 바꾸고 교과서도 일본어로 된 것만 사용하였다. 교과서도 일본어로 된 것을 사용하였다. 이에 비해 애니 베어드의 교과용 도서는 순 한글로 학생들이 식물학을 배우기가 쉬웠다.

숭실대학은 애니 베어드가 편역해서 출간한 자연과학 교과서를 활용했다. 당시 인가를 받았거나 또는 검정을 받은 교재를 사용할 수 있었다. 그러나 다른 사립학교에서 사용할 때에는 반드시 검정 혹은 인가를 받아야만 했다. 따라서 애니 베어드의 자연과학 교과서는 숭실대학에서만 사용했던 것으로 보인다.[29]

애니 베어드의 『식물학』은 숭실중학교를 졸업한 안국보의 도움을 받아 출간되었다. 1909년 『식물도셜』의 재출간을 목표로 다시 정리했던 것으로 보인다. 이것은 다음과 같이 그러한 사실을 밝히고 있기 때문이다.

이 칙은 미국식물박수 그레씨의 마련흔거슬 번역ᄒ엿ᄂ디 쥬후 1쳔九빅九년에 즁학졸업싱 안국보(安國補)씨의 도음을 만히 밧ᄂ즁에 셔론싱지엇ᄉ오니 이 칙보시ᄂᆫ 쳠위들이 그리아시옵 안이리 ᄌ셔[30]

서론에서는 자연과 인사(人事), 격물학의 세 가지 구분, 생물계와 무생물계, 동물과 식물, 식물계, 식물종류의 두 큰 분별, 식물학 등으로 세분해서 설명하였다. 이 책에서는 『식물도셜』의 서론에서처럼 성경의 인용은 없으며 자연과 인사에 대한 설명부터 시작하였다. 우주의 사물에는 자연과 인사로 구분된다고 하면서 자연이라는 것은 우주를

---

29) 박종석, 앞의 책, 81~82쪽.
30) 애니 베어드, 앞의 책, 1쪽.

구분한 삼라만상이며, 인사는 무한한 심령의 활동이라는 것이었다.[31]

격물학의 세 가지 구분에서는 자연계와 관련된 과학을 모두 격물학이라고 하며 여기에는 물리학, 화학, 박물학 등으로 구분되고, 물리학과 화학은 물질의 조성과 변화하는 원인과 결과를 연구하는 것이며, 박물학은 자연물을 기초로 삼아 그 현상과 본질, 및 공용을 연구하는 것이라고 밝혔다.[32]

이어 동물과 식물에 대해서는 양자는 분명한 구분이 없으며 그 성질이 비슷하고 차별적이기보다는 동일한 것이 많고 고등동물인 말과 고등식물인 소나무를 비교하면 그 차이는 있지만 하등동식물에서는 형상이 같아서 서로 구분할 수 없다는 것이다. 원래 동물은 움직이고 식물은 움직이지 못하는 구분이 있으나 하등동물 중에는 못 움직이는 것도 있고 하등식물 중에는 물속에서 헤엄치는 것도 있고, 식물 가운데는 육식식물도 있다고 설명하였다. 식물학이라는 것은 식물계와 관련된 모든 사실을 연구하는 과학이라고 하면서 식물형태학, 식물해부학, 식물생리학, 식물분류학, 식물생태학, 식물분포학, 식물화석학, 응용식물학 등으로 구분하였다.[33]

1909년 애니 베어드가 안국보의 도움을 얻어 『식물학』 서론을 작성할 당시 전술한 바와 같이 당시 서북학회를 비롯한 여러 학회에서 식물학 관련 글을 연재해서 게재하였다. 그 중 서북학회가 발간한 학회지 『서북학회 월보』 제18호에 유해영이 쓴 식물학 관련 글을 보면, 애니 베어드의 『식물학』 서론의 내용과 유사하다.

---

31) 위의 책, 3쪽.
32) 위의 책, 3~4쪽.
33) 위의 책, 4~7쪽.

즉 애니 베어드가 1908년 『식물도설』을 출간할 때만 해도 서론에 성경 구절이 인용되었지만 이번 『식물학』에서는 유해영의 글과 유사하다. 유해영은 그의 글에서 생물계와 무생물계, 동물과 식물의 구별, 식물종류, 식물학의 다양한 구분 등에 대해서 설명하였다. 예를 들어 동물과 식물에 대해서는 다음과 같이 설명하였다.

> 動物에 高等되는 牛馬와 植物의 松柏 等은 其 煌然흔 區別이 生物 及 無生 兩界보다 甚히 明定ᄒ나 動植 兩者가 共히 最下等의 至ᄒ야는 形狀大小 性質生理와 繁殖의 差異가 互相 惑似ᄒ야 確然히 區別케 難ᄒ니라.[34]

이어 유해영은 식물학에 대해서는 다음과 설명하였다. 식물학에는 식물해부학, 식물생리학, 식물분류학, 응용식물학 등이 있고 응용식물학에는 농업식물학, 삼림식물학, 약용식물학 등으로 구분된다고 소개하였다.[35]

이렇게 보면 애니 베어드의 『식물학』은 아사 그레이의 책 서문과 달리 1905년 이후 활발하게 전개되던 애국계몽 운동가들의 자연과학에 대한 인식과 공유하고 있었음을 알 수 있다. 애국계몽 운동가들의 자연과학 인식은 애니 베어드의 『식물학』 교과서를 통해 숭실대학 학생들에게 지속적으로 전해지고 있었던 것을 알 수 있다.

1908년에 출간한 『식물도설』은 총 5장으로 구성되어 있었으나 1913년 『식물학』은 총 3장으로 구성되어 있다. 제1장에서는 식물의 발육과 그 기관에 대한 것이고, 이 장에서는 제1편 식물체의 기관, 제2편 초목이

---

34) 유해영, 「식물학」, 『서북학회월보』 18, 1909, 23~26쪽.
35) 위의 글, 23~26쪽.

씨에서 자라는 것, 제3편 초목이 해를 따라 성장함, 제4편 성장기관의 여러 형상이 있는 것 등으로 구성되어 있다. 제2장 식물의 번식기능에서는 제1편 무성생식, 제2편 유성생식, 제3편 현화식물부, 제4편 과실과 종자 등으로 이루어져 있다. 제3장은 식물분류학이며, 제1편에 분류주의, 식물지 등으로 설명되어 있다. 마지막에는 색인이 가나다순으로 「식물지」라는 제목으로 정리되어 있다. 이에 대한 구체적인 내용은 〈표 4〉와 같다.

〈표 4〉 『식물학』의 내용

장	내용
제1장	제1편에서 식물체의 기관에서 식물의 발육기관, 식물의 생식기관, 뿌리, 줄기, 입사귀. 식물의 발육, 식물의 생식, 꽃이 피는 까닭은 과실을 얻기 위함, 꽃, 꽃의 기관, 꽃받침(萼), 화관, 웅예(雄蕊), 자예, 꽃의 기관, 과실, 종자, 배(胚) 등 20가지로 구분해서 그림과 함께 설명했다. 제2편에서는 씨, 발아, 뿌리, 싹이 트는 것, 성장하는 것이 동일하지 않음, 콩, 살구·앵두·밤, 도토리와 팥, 옥수수(강랑)와 파, 자엽의 수표 등에 대한 설명, 제3편에서는 초목이 해를 따라 성장하는 것에 대한 소개였다. 단경, 가지, 정아(頂芽), 엽액아(葉腋芽), 일년초, 이년초, 다년생초목, 자양분을 저장하는 괴경(塊莖), 괴경은 뿌리가 아니라는 것, 자양분을 저장하는 것은 근경(根莖), 자양분을 저장하는 것은 인경(鱗莖), 나무의 자양분을 저장함, 다음을 위하여 자양분을 예비한다 등이다. 제4편에서는 성장기관에 관한 것이다. 뿌리의 형태학, 공기근(空氣根), 공기소근(空氣小根), 공기식물(空氣植物), 기생식물(寄生植物), 뿌리의 작용, 여러 형태의 줄기, 화경(花莖), 섬복지(纖匐枝), 흡지(吸枝), 단복지(短匐枝), 근경, 괴경(塊莖), 구경(球莖), 소린경(小鱗莖), 줄기안에 구조, 외장경식물(外長莖植物), 내장경식물(內長莖植物), 일년 지난 줄기, 입사귀 등을 설명하였다.
제2장	제1편에서는 무성생식, 제2편에서는 무성생식, 제3편에서는 현화식물부를 다루었다. 제4편에서는 과실과 종자에 대한 부분이었다.
제3장	식물분류학인데, 분류는 인위적 분류법과 자연적 분류법이 있으며 이에 대해서 각각 자세하게 설명하였다. 분류상에 사용하는 용어로 부-)문-)아문-)류-)과 등으로 되어 있다는 설명도 포함되었다. 그 다음 식물지(植物誌)에 대한 설명으로 되어 있다. 이어 『식물도설』과 마찬가지로 과(科)에 대한 설명으로 되어 있다. 『식물도설』에서는 영어원본의 family를 족속으로 번역했지만 1913년 『식물학』에서는 과로 번역하였다. 마지막에는 식물학목록을 가나다순으로 정리해 놓았다.

애니 베어드의 『식물학』은 숭실대학 2학년 교과 과정에 포함되어 있었다. 1909년부터 1910년까지 자연과학의 경우에는 1학년 때 비교동물학, 2학년 때 발생학과 생물학 등이 포함되었다. 1912-1913년 교과과정을 보면 자연과학의 경우 1학년 때는 생물학과 화학, 2학년 때 고급식물학과 물리학, 3학년 때 농업, 물리, 화학, 4학년 때 심리학, 임학, 지질학, 광물학 등이었다. 일제 강점기 숭실대학에서는 2학년 때 순 한글로된 애니 베어드의 『식물학』 교과서를 교재로 사용하고 있었다. 식물학 강의는 현장 실습과 함께 진행되었다. 숭실대학에서는 1912년 격물학당을 완공해서 화학, 물리, 생물 실험실로 사용했다.[36]

Ⅳ. 기독교 농촌계몽운동과 숭실전문학교의 농과

일제강점기 미국 선교사에 의해 미국에서 들어온 근대식물학이 숭실대학과 같은 사립학교에서 근대 자연과학 지식으로 확산되었다. 그 결과 미국 식물학의 영향을 받은 한국 식물학자들이 등장하게 되었다. 이와 동시에 일본의 식물학자들에 의해 한국인 식물학자들도 출현하고 있었다. 1910년부터 1945년까지 일제에 의한 한국 식물학 연구는 고등식물 일반을 대상으로 한 식물 분포 조사 정도로만 그쳤었다. 즉 식물분류학적 연구만 존재하였다. 진화와 관련된 계통학적인 분류 이론으로까지는 발전되지 못했다.[37]

---

36) 숭실대학교, 앞의 책, 106쪽.
37) 이덕봉, 「최근세한국식물학연구사 – 일제통치하 한국에 있어서의 식물학연구에 관한 시설과 그 실태」, 『아세아연구』 4:2, 고려대학교아세아문제연구소, 1961, 117쪽.

1924년에 설립된 경성제국대학에서도 자연과학과부가 존재하지 않았다. 단지 동식물학 교실만 있었을 뿐이었다. 모든 한국 식물학 조사는 총독부 산하 각 조사시험기관에서 일본인 기술자와 학자들에 의해 실시되었다. 극소수의 한국인만에 여기에 참여하였다.[38]

한국에서 최초로 설립된 식물학과 관련된 학회는 조선박물학회였다. 1923년 일본인들이 중심이 되어 설치되었다. 회원은 약 2백여 명에 달했다. 1933년에는 조선식물연구회가 조직되었다. 이 단체도 주로 일본인들이 중심이었으며, 한국의 향토식물을 조사하기 위해 설립되었고, 1934년에 『조선향토식물』이라는 회지를 발간하였다. 1935년에는 숙명여자고등보통학교에서 경성박물연구회가 조직되었으며 1940년에 조직명을 조선박물교원회로 바꾸었다.[39] 한국인들에 의해 조직된 학회는 조선박물연구회였다. 이 단체는 1933년 5월 서울 소재 중등학교 박물교원과 몇 명의 동식물학 전공자가 중심이 되어 조직되었다. 조선박물연구회는 동물부와 식물부로 구분해서 운영하였다. 이 연구회는 생물학 계몽을 위해서 대규모의 동식물표본전시회를 휘문고등보통학교 대강당에서 개최한 바 있다.

식물부에서는 1937년에 한국 최초의 식물도감인 『조선식물향명집』을 출간하였다. 이 책의 저자들은 정태현, 도봉섭, 이휘재, 이덕봉 등이었다. 정태현은 일제강점기 임업시험장 기사로서 실무 경험과 이론을 익혔으며, 나머지 도봉섭, 이휘재, 이덕봉은 식물 관련 교육계에 종사하였다. 이들은 일본을 통해 근대식물분류학을 배워서 3년 동안 1백여 회의 모임을 가지면서 한국 식물도감을 만들어냈다. 저자들은 직접 수

---

38) 위의 글, 134~135쪽.
39) 위의 글, 117쪽.

집한 방언을 토대로 하여 향약채집월령(鄕藥採集月令), 향약본초(鄕藥本草), 동의보감(東醫寶鑑), 산림경제(山林經濟), 제중신편(濟衆新編), 방약합편(方藥合編), 조선총독부편 조선어사전, 모리 다메조(森爲三)의 조선식물명휘(朝鮮植物名彙), 이시도야 츠토무(石戶谷勉)와 정태현의 조선삼림식물감요(朝鮮森林植物鑑要), 나카이 다케노신(中井猛之進)의 조선삼림식물편(朝鮮森林植物編) 등에 산재되어 있는 한국명을 참고로 2천여 종을 조사한 후 이 책을 출간하였다.[40]

지금까지 살펴본 바와 같이 일제강점기에 들어서면서 일제는 한국의 식물학에 대해 거의 독점적인 위치에 있었다. 소수의 한국인들도 일본을 경유해서 들어와 새로 재편되거나 변종된 과학서를 중심으로 한국 식물학 연구를 시작하였다.

이러한 역사적 흐름과 함께 1920년대 후반 한국 농촌계몽운동이 활발하게 일어나면서 숭실전문대학의 농과 설치로 전문적인 식물학 연구의 토대가 마련되었다. 이와 같은 토대가 구축될 수 있었던 것은 전술한 바와 같이 애니 베어드의『식물도설』과『식물학』을 교재로 1926년에 건립된 과학관에서 현장 실습이 지속적으로 이루어졌기 때문이었다.

숭실대학은 1905년부터 대학부 교육을 시작했으며, 1906년 합성숭실대학(Union Christian College)으로 개교하였다. 1908년에는 대한제국 학부로부터 대학 정식 인가를 받았다. 그러나 일제 강점 이후「조선교육령」, 「사립학교규칙」,「전문학교규칙」등으로 사학(私學)을 탄압하자 1925년 숭실대학은 전문학교로 개편되었다.[41]

전문학교로 개편되기 전부터 숭실대학은 문과와 이과로 나누어져

---

40) 위의 글, 35~36쪽.
41) 숭실대학교 120년사편찬위원회, 앞의 책, 136쪽.

있었다. 그러나 전문학교로 인가를 받을 당시 총독부는 문과만 허용했다. 숭실전문학교에서는 여기에 상관없이 이과 교육을 계속 실시하였다. 당시 학감으로 있던 선교사 모의리(E.M. Mowry)는 기금을 모아 과학관을 설립했다. 기금 모금의 실무자였던 베어드는 미국과 한국의 기독교 관계자들을 대상으로 기금을 모았다. 이 과학관은 지상 3층 높이의 연평 444평 규모로 지어졌다. 국내 최고의 시설을 갖추었다. 생물학 교실에는 100여 개의 초대형 현미경이 설치됐고, 실험실에는 다양한 실험 장비들이 구비됐다. 계단식 교당도 함께 두었다.[42]

1920년대 후반 한국기독교인들은 농촌계몽운동을 대대적으로 전개하기 시작하였다. 이러한 과정에서 숭실전문학교에 농과가 설치되었다. 그동안 이과에서 강의되던 교과목 특히 식물학은 농과에서 담당하였다.

농촌계몽운동은 장로교, 감리교 교회 조직을 비롯한 YWCA와 YMCA 등 기독교 청년·학생 단체 등이 전부 나서서 전개하기 시작했다. 이러한 운동이 일어난 역사적 배경에 대해 한규무는 다음과 같이 4가지로 구분해서 설명하였다. 첫째는 농촌경제의 악화와 농촌교회의 침체, 둘째는 사회주의자들의 반기독교운동과 민족주의자들의 실력양성운동의 영향, 셋째는 기독교인들의 자본주의 비판과 경제문제에 대한 인식의 전환, 마지막으로는 개신교계 대표들의 예루살렘국제선교대회 참석과 덴마크 농촌 시찰 등을 들었다.[43]

기독교의 농촌계몽운동은 실력양성을 위한 민족운동의 한 일환으로

---

[42] 숭실대학교 100년사편찬위원회, 앞의 책, 337~338쪽.

[43] 한규무, 『일제하 한국기독교 농촌운동: 1925-1937』, 한국기독교역사연구소, 1997, 29~55쪽.

전개되었다. 기독교인들은 농촌에서 다양한 활동을 벌였다. 예를 들어 농사개량, 부업장려, 협동조합설립, 관련 서적의 출판, 소작농을 위한 실험농장의 운영, 소작농 및 자작농 대상의 협동조합과 공동경작의 실시, 자영농 중심의 농사강습회, 농업학교와 농촌지도자양성기관에서의 교육, 지주의 각성 촉구 등이었다. 이와 더불어 문맹퇴치와 농민계몽에 역점을 둔 야학, 서당, 하기아동성경학교 등을 운영하였다.[44]

이러한 역사적 배경 하에서 숭실전문학교의 농과 설치 준비는 1928년 매퀸(G. S. McCune)이 교장으로 취임하면서 순조롭게 진행되었다. 그는 농과와 공과를 증설할 계획을 수립하였다. 1931년 4월 총독부 학무국에 농과 증과 신청을 제출하여 3월에 인가를 받았다. 30명의 학생을 모집하였고, 입학시험과목은 영어, 일본어, 한문, 수학, 역사, 박물(식물과 동물)이었다.[45] 1931년에 신설된 농과의 교과과정은 다음 〈표 3〉과 같았다.

〈표 5〉 1931년 숭실전문학교 농과 교과과정[46]

학년	과목
1학년	수신, 성경, 일본어, 영어, 수학, 물리학, 기상학, 무기화학, 유기화학, 지질학, 식물학, 동물학, 작물학, 세균학, 농업경제학, 농구학, 체조
2학년	수신, 성경, 일본어, 영어, 유기화학, 토양학, 곤충학, 작물학, 비료학, 양잠학, 축산학, 농업경제학, 유전학, 체조, 소체학
3학년	수신, 성경, 작물학, 축산학, 가축사양학, 농산제조학, 수의학, 낙동학, 농업경영학, 농정학, 농업토목학, 생리화학, 체조, 과수학

위 〈표 3〉에서처럼 식물학은 1학년 교과과목에 포함되어 있었다. 농과 교수진은 모의리, 미국인 농학사 루쓰(Luts), 이훈구, 명재억, 정두현,

---

44) 위의 책, 223~225쪽.
45) 숭실대학교 100년사편찬위원회, 앞의 책, 292쪽.
46) 위의 책, 291쪽.

김응룡, 김호식, 이구화, 이근태, 강영환, 최윤호 등이었다. 이훈구는 도쿄제국대학 농학과 3년을 수료한 후 미국 위스콘신학대학에서 박사학위를 받고 중국 금릉대학 교수로 재직하다 숭실전문학교로 왔다. 명재억은 도쿄제국대학 농학과에서 농업경제학을 전공했고, 김응룡은 교토제국대학 농학과에서 원예학을 공부했다. 이구화는 도호쿠제국대학(東北帝國大學) 이학부 출신이었으며 전공은 무기화학이었고, 강영환도 도호쿠제국대학 이학부 출신으로서 물리학을 전공했다. 이근태는 홋카이도제국대학(北海道帝國大學) 출신으로 축산학 전공이었으며 최윤호는 미국 인디아나 주립대학(Indiana University) 농학박사로서 전공이 축산학이었다. 정두현은 일본 도호쿠제국대학 출신으로 생물학을 담당하였다.[47]

숭실전문학교는 최고의 교수진을 갖추고 실습장도 완벽하게 구비하였다. 평양부 밖 사동(寺洞)에 양돈과 양잠을 위한 기지 4만 평, 평양부 서장대에 과수원과 수전을 위한 8만 평 농토를 갖추었다. 농장 안에는 벽돌 2층의 실습관이 있었고 실습농장에서 산출되는 농산물의 저장 또는 통조림 제조실 등의 설비도 구비되었다. 평원군 소재 국유 미간지 112만 8천 평을 서해농장으로 마련하였다. 1934년에 무명의 미국인에 의한 기부금 3만 원과 차순봉의 기부금 1만 5천 원으로 농장 안에 창고, 발동기, 화물차, 그리고 훈제실 등도 갖추었다. 1928년에 설치된 평양부 신양리의 농과강습소 실습장은 농과 인가 후 학교실습농장으로 개칭하였다. 신양리 실습농장에는 3천 원의 경비로 창고, 관리주택, 학생 휴게실 등을 구비하였다. 숭실경제농장에는 경비 약 1만 원으로 장 2백

47) 위의 책, 293~296쪽.

간, 광 1백간, 깊이 40척의 저수지도 갖추었다. 신양리 본장에서는 소채 재배를 전문으로 하였고, 서장대에서는 작물, 사동에서는 주로 과수원, 동대원에서는 목장 운영 등을 전문적으로 하였다. 1933년에는 용강군에 용강분장을 설치하였다. 이곳에서는 보통 농사를 지었다. 농과 설치 이후 예과도 설치하였으며, 농과의 단기과정으로 고등농사학원도 운영하였다.[48)

숭실전문학교 농과는 완전한 실습장과 교수진을 갖추었다. 이러한 토대에서 한국 생물학계를 대표할 수 있는 학자들을 키워냈다. 한국 식물생태학의 대가인 김준민을 대표적으로 들 수 있다. 경기도 개풍에서 태어난 그는 숭실전문학교 농과를 4회로 졸업하였다. 그 후 일본 도호쿠제국대학 생물학과에 진학하였으며, 이학박사 학위를 받았다. 한국으로 돌아온 후에는 교원 생활을 하였다. 1945년 8월 광복이 된 후 서울대 생물학 교수가 되었다. 김준민은 1957년에 설립된 한국식물학회와 한국생태학회 등의 회장을 지냈다. 그는 1976년 5월 이일구(李一球), 최기철(崔基哲) 등과 함께 한국생태학회를 만들었다. 서울대에서 김준민은 수많은 후학들을 키워냄으로써 한국 식물학 발전에 크게 공헌하였다. 또한 그는 『한국식물의 생태』, 『식물생태학』, 『39가지 과학충격』, 『과학자들은 지금 무엇을 연구하고 있을까』, 『들풀에서 줍는 과학』 등의 저서와 『기후와 진화』, 『토양과 문명』, 『생물에서 본 세계』 등의 번역서를 남겼다.[49)

식물학 이외에도 곤충학, 동물학, 농학 등에서 한국을 대표하는 학자들이 나왔다. 한국 자연과학 분야의 선구자로 숭실전문학교 농과 1회

---

48) 숭실대학교 120년사 편찬위원회 편, 앞의 책, 149~150쪽.
49) 김준민, 『들풀에서 줍는 과학』, 지성사, 2006.

출신인 김헌규가 있다. 그는 최초의 곤충학자였다. 김헌규는 윤산온 교장의 주선으로 일본 홋카이도제국대학(北海道帝國大學)으로 유학을 떠났으며, 그곳에서 생물학 박사학위를 받았다. 1954년부터 이화여자대학교 생물학 교수로 재직하였다. 그는 각종 학회 회장을 역임하였다. 김헌규는 세계생물학회에 한국을 대표하는 학자로 알려져 있다. 한국 포유동물의 개척자로 농과 2회를 졸업한 원병휘가 있다. 경희대학교와 동국대학교에서 많은 후학들을 키워냈다. 그는 1966년에『한국산 포유동물 원색도감』을 발간하였다. 이 책은 한국 최초의 포유류 95종에 대한 원색도감이었다. 한국의 저명한 농학자로는 농과 5회를 졸업한 이광연을 들 수 있다. 그는 과수농업을 연구하여 이를 전국 과수농가에 보급시켰다. 이광연은 숭실대, 서울시립 농업대, 서울대, 그리고 영남대에서 후학을 길러냈다.[50]

V. 맺음말

지금까지 한국 근대 식물학의 도입과 확산을 위한 기틀이 어떻게 마련되었는지 살펴보았다. 근대식물학이 처음 한국에 도입된 것은 1876년 개항 전후였다. 중국에서 번역되어 들어온 것이었다. 이상설은 이 번역서를 참고하여 식물학 원고를 남겼다. 근대교육기관들은 실용주의에 기반한 과학교육에 많은 관심을 보였다.

1905년 을사늑약으로 국가의 위기가 고조되자 애국계몽운동가들은 서구문명의 수용을 통한 부국강병을 주장했다. 이로 인해 과학교육을

---

[50] 숭실대학교 100년사편찬위원회, 앞의 책, 428~429쪽.

위한 자연과학 교과서가 출간되면서 근대식물학교과서도 발간되었다. 대부분 국한문 혼용체였지만 애니 베어드의『식물도셜』은 순한 글체였다. 그녀가 편역한 책은 당대 가장 위대한 미국 식물학자 아사 그레이의 책이었다. 아사 그레이는 다윈의 학문적 동료였고 진화론을 지지했다. 그러므로 애니 베어드가 편역해서 출간한 책은 당대 최고의 식물 교과서였다.

1910년 일제의 강제병합으로 근대교과서는 일본 총독부의 통제를 받았다. 그러나 애니 베어드의『식물도셜』은『식물학』으로 개정해서 승인을 받았다. 이 책의 소개는 유해영이 구한말 서북학회지인『서북학회 월보』에 쓴 글과 유사하며,『식물도셜』에서 인용한 성경 구절은 삭제됐다. 애니 베어드의 책을 통해 1905년부터 활동했던 애국계몽운동가들의 자연과학에 대한 인식이 숭실 대학 학생들에게 지속적으로 전달되었다.

숭실대학에서는 현장실습과 함께 식물학 강의가 이루어졌다. 1926년 숭실대학은 숭실전문학교로 전환하였고, 당대 최고의 과학관을 건립하기 위한 기금을 조성하였다. 이 건물에 생물학 실험실을 설치하였다.

1920년대 후반 기독교인들이 민족운동의 일환으로 농촌 계몽운동을 시작함에 따라 숭실전문학교에 농과가 개설되었다. 자연과학을 농과에서 가르치게 된 것이다. 농과에는 우수한 교직원과 훈련 시설을 구비하였다.

이러한 교육환경은 식물학자 양성을 위한 토대가 되었다. 농과 4회를 졸업하고 일본 도호쿠제국대학 생물학과에 진학하여 이학박사 학위를 받은 김준민은 한국 최초의 식물생태학의 권위자가 되었다. 일제 강점기 고등식물의 식물분류에만 그쳤던 식물학 연구를 그는 식물형태학으로 발전시켰다. 김준민은 해방 후 서울대학교 생물학과 교수로 재직하면서 수많은 후학들을 양성했고, 1957년 한국식물학회를 설립해서 한국 근대식물학이 발전할 수 있는 기반을 마련하였다.

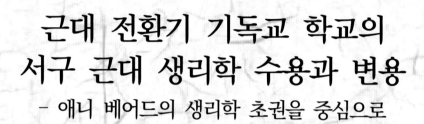

근대 전환기 기독교 학교의
서구 근대 생리학 수용과 변용
- 애니 베어드의 생리학 초권을 중심으로

오선실

근대 전환기 기독교 학교의 서구 근대 생리학 수용과 변용
– 애니 베어드의 『싱리학초권』을 중심으로

I. 들어가며

과학기술 및 실업 교육은 식민지 조선에 대한 소위 "문명화 사업", 동화정책을 추진한 총독부는 물론 효율적인 복음 전도를 위해 근대적 학교를 설립하고 활발한 교육 사업을 펼친 서양인 선교사들에게도 중요한 위치를 차지했다. 특히 선교사들은 기독교를 우수한 서구 문명의 정수로 규정하면서 그들이 제공하는 교육과정과 연계하고자 했는데, 과학기술 교육은 기독교 교리가 강조하는 근면, 성질, 자도 등의 덕목을 기르는데도 중요했다. 그러나 식민지 조선에서 어느 정도 수준의 과학기술 교육이 필요한가에 대해서는 총독부과 서양 선교사들 사이에 간극이 있었고, 기독교 단체 내부에서도 감리교, 장로교 사이에 이견이 존재했다. 결국 실업교육을 강조하는 총독부의 식민지 교육정책이 관철되고, 선교사들에 세운 학교에서조차 순수과학보다는 실업교육이 강조됐지만, 식민지 시기 선교사들에 세운 학교들이 과학기술 교육이 이뤄진 주된 공간이었음을 부인할 수는 없다. 이러한 중요성에도 불구하고 선교사들에 세운 학교에서 이뤄진 근대 과학기술 교육에 대한 연구는 많이 부족한 형편이다. 최근 설립 초기부터 "종합 과학 교육 기관"을 표방한 연희전문학교 수물과에 대한 연구들이 꽤 진척됐는데, 실업 교육을 포함한 연희전문학교의 커리큘럼이 실업교육을 강제한 총독부가 식민지 교육 정책이 관철한 결과였을 뿐 아니라 애초부터 연희전문학교 수물과가 순수 과학과 실업 교육을 조화시키기 위해 노력한 결과임을 보인 나일성의 연구, 학교를 둘러싼 총독부와 선교사들의 갈등과 충돌, 그리고 상호작용에 주목해 연희전문학교 수물과가 총독부의 실업 교육 정책이 더 이상 강제적으로 실현될 수 없는 공간으로 존재했음을 보인 전찬미의 연구가 대표적이다.[1] 선교사들이 세운 학교들이 식민지 시기 과학기술 교육을 통해 근대 과학기술이 수용, 변용, 토착화가 이뤄지는 주된 공간이었음에도 연구가 진척되지 않은 이유 중 하나는 당시 학교들에서 구체적으로 어떤 교재로 어느 정도 수준의 과학기술 교육이 이뤄졌는지를 살펴볼 자료들을 찾기 어렵다는 것이었다. 한국기독교박물관이 소장하고 있는 식민지 시기 과학기술 교육 커리큘럼, 교과서, 교육 자료 등에 접근할 수 있다면 식민지 시기

---

[1] 나일성, 『서양과학의 도입과 연희전문학교』, 연세대학교 출판부, 2004; 전찬미, 「식민지 시기 연희전문학교 수물과의 설치와 정착 – 조선 총독부와 선교사의 상호작용을 중심으로」, 서울대학교 석사학위 논문, 2010.

북쪽 지역의 중요한 교육 기관이었던 숭실학교에서 이뤄진 과학기술 교육의 실제를 조명하고, 당시 식민지 조선에 끼친 영향을 분석할 수 있을 것이다.

이글은 근대전환기 대한제국에서 과학교육이 시작되는 시기에서 출발한다. 통감부 시기는 "교과용도서 검정 규정", "출판법" 등 각종 규제들을 내세워 대한제국에 대한 일제의 개입과 통제가 노골화되었지만, 동시에 애국계몽운동의 일환으로 근대지식인들의 과학서적, 과학교과서 번역 및 집필 활동이 왕성하게 전개되던 때이기도 했다. 이과로 편재된 과학 교과목 중에서도 생리위생학 분야의 교과서 출간이 유독 활발하게 이뤄졌는데, 한말에만 대략 7종의 교과서가 출판되었다. 이들은 일본 혹은 미국의 중등학교 교과서를 거의 그대로 번역, 편집한 수준의 교재들이었지만, 홍석후, 안상호와 같이 초기 서양의학교육을 받은 의사들에서부터 김하정, 임경재와 같은 전문번역가들, 선교사부인이자 직접 생물학을 가르친 교육자 애니 베어드, 그리고 한말지식인이자 사립학교 설립자였던 안종화까지 서로 다른 지향과 이력을 가진 인물들이 교과서 출판에 참여했던 만큼 원서 선정 기준, 학술 용어 사용, 편집 방식, 강조점은 조금씩 달랐다. 즉 한말 근대인으로서 알아야할 서구의 의학지식과 위생관념을 제시하는 생리위생학 교과서들을 통해 저자들은 저마다 품고 있던 서로 다른 근대를 투영하고자 했다.

그 중 애니 베어드의 『싱리학초권』은 미국 중등학교 학생들을 위한 생리학 교재를 중국어, 일본어 등 다른 번역어를 거치지 않고 바로 한글로 번역한 1차 번역서라는 점에서 기존 책들과는 다른 특징을 가진다. 교육과 동시에 이뤄진 애니 베어드의 번역 작업은 서구의 근대 생리학을 어떻게 한국의 학생들에게 설명할 것인가, 개념 용어의 선정에서 생물 기작 해석 방식까지 다차원적인 선택의 문제들을 포함한 것이었고, 그러한 의미에서 근대전환기 생리학이라는 새로운 학문이 어떻게 수용되었는지를 잘 보여주는 작업이었다.

숭실학교는 설립 초기부터 기계창을 설립하는 등 과학 및 실업 교육을 강조했다. 설립초기부터 수학과 물리학, 생물학 등 과학 분야의 교수를 확보하고 교수를 확보하고 과학 강좌를 개설했다. 특히 생리학은 해부학을 기반으로 간략한 생리, 의학 지식을 제공하는 동시에 위생을 진작하기 위한 생활방식을 제시한다는 점에서 청빈한 삶을 추구하는 기독교 교육 방침에도 잘 부합할 수 있었다. 애니 베어드의 생리학 수업은 기독교 학교에서 이뤄진 과학교육의 목표와 특성을 잘 보여주는데, 생리학이라는 새로운 과학 이론을 통해 도출된 합리적인 생활 방식이 술과 담배를 멀리하고 방종과 방탕으로부터 스스로를 지키고 절제할 필요성을 제시할 수 있었다. 즉 애니 베어드는 이러한 목적에 부합하는 원서를 골려 번역하고 절제된 삶의 태도를 더욱 강조함으로써 학생들에게 기독교인으로서 가져야할 삶에 태도를 강변할 수 있었을 것이다.

Ⅱ. 근대 서구 생리학의 수용과 애니 베어드의 『싱리학초권』

1. 근대 학제의 도입과 생리학 학제의 성립

갑오개혁의 일환으로 근대 학제가 도입되면서 관립학교들 뿐 아니라 사립학교들이 전국 각지에 설립되어 일반 국민을 대상으로 하는 보통 교육이 시작됐다.[2] 이때 근대 학제는 곧 서구식 교과 과정을 의미했고, 학부는 1895년 9월 한성사범학교 관제를 통해 그 시작을 알렸다. 이때 한성사범학교는 6개월의 속성과와 2년의 본과 과정으로 교육 과정을 구분했는데, 소학교 교사 양성 과정인 본과에서는 국문과 한문, 작문, 습자뿐 아니라 세계역사와 지리를 학습해야 했고, 산술과 대수, 물리와 화학, 동물, 식물, 생리위생과 같은 자연과학 과목을 배웠다. 이렇듯 자연 과학이 소학교 교사가 되기 위해 반드시 학습해야하는 교과로 채택되면서, 서구 과학은 자연스럽게 근대 학제의 교과 과정 일부로 포함될 수 있었다. 이어진 학부의 소학교령에도 서구 과학은 "이과"라는 이름으로 3년의 심상과를 거쳐 진급하게 되는 2-3년의 고등과의 중요 과목으로 배치됐다. 1899년 고시된 중학교 관제는 "실업에 종사하려는 백성들에게 정덕과 이용후생 교육을 교수할 것"을 목표로 박물, 화학, 물리 등 서구 과학과 공업, 농업, 상업, 의학, 측량과 같은 서구 실용 기술을 중요 교과목으로 제시했다.[3]

이렇듯 새로운 교육체계가 등장하면서 서구로부터 유입된 근대지식을 학생들에게 효과적으로 전달할 새로운 교과서 수요도 크게 증가했다. 이러한 요구에 부응해 한말 활발하게 출판된 과학교과서는 여러 제약 속에서도 서구 과학기술을 수용하는 주요 경로 중 하나가 되었다. 특히 통감부 시기는 "교과용도서 검정 규정", "출판법" 등 각종 규제들을 내세워 대한제국에 대한 일제의 개입과 통제가 노골화되었지만, 동시에 근대지식인들의 과학서적, 과학교과서 번역 및 집필 활동이 왕성

---

[2] 한말 근대학제 도입 과정에 대해서는 김태웅, 『신식 소학교의 탄생과 학생의 삶』, 서해문집, 2017, 25~97쪽을 참고하라.

[3] 김연희, 『한국 근대과학 형성사』, 들녘, 2016, 300~306쪽.

하게 전개되던 때이기도 했다.[4] 더욱이 학부가 서구 과학을 교과 과정에 일부로 포함하면서도 과학 수업을 위한 교과서로 자연과학 교과목의 통합 교재인 "이과서"를 제외하고는 아무런 학부편찬 교과서를 내놓지 않아, 각 학교들은 물리, 화학, 지질, 생물, 생리학 등 개별 과목을 가르치기 위해 스스로 교재를 마련해야 했다.[5]

1908년 제정된 사립학교령, 학회령, 검정규정, 그리고 1909년 제정된 출판법에 따르면, 사립학교에서 사용할 수 있는 교과서는 학부에서 편찬한 것 혹은 학부대신이 검정한 것으로 제한됐다. 즉 각 사립학교들은 학부에서 편찬한 통합 교과서 "이과서"를 과학 수업 교재로 사용하거나 혹은 각자 자신들의 학교의 교과 과정에 맞춰 스스로 집필한 과학 교과서를 학부의 검정을 받아 사용할 수 있었다. 다만 이와 같은 도서가 없을 경우는 학교장은 기타 도서를 학부대신에게 인가를 받아 사용할 수 있었는데, 이때 도서에 대한 검정과 인가는 필요에 따라 개별학교들이 개별적으로 요청해야 했다. 즉 같은 책을 교재로 사용하더라도 학교마다 검정 신청 혹은 인가 신청을 따로 내야했고 학부와 이후 총독부에서는 경우에 따라서는 동일한 책이라도 학교마다 다른 처분을 내릴 수도 있었다.[6]

이러한 교과서 출판 규제에도 불구하고 과학교과서 번역 및 집필은

---

[4] 근대 과학 교과서는 대체로 1906년 이후 출판되기 시작해 1907-8년 가장 많은 종류의 교과서가 출판됐다. 특히 초기에는 일본책을 그대로 들여와 출판만 하는 경우가 많았다면 점차 한국어로 번역된 책들이 증가했다. 이후 일제 강점이 시작된 이후에는 다시 일본책이 그대로 사용되는 경우가 많아졌다. 박종석, 정병훈, 박승재, 「대한제국 후기부터 일제 식민지 초기(1906-1915)까지 사용되었던 과학교과용 도서의 조사 분석」, 『한국과학교육학회지』 18:1, 한국과학교육학회, 1998, 93~105쪽.

[5] 박종석, 『개화기 한국의 과학교과서』, 한국학술정보(주), 2007, 89쪽.

[6] 위의 책, 64~75쪽.

활발하게 이뤄졌는데, 수업 연한을 줄이고 고등 교육기관을 두지 않는 등 대한제국의 학제를 축소·개편한 통감부가 소학교에서부터 일본어 교과서를 채택하는 안을 검토 중이라는 사실이 알려지면서 한말 지식인들의 교과서 번역 및 집필 활동은 더욱 가속되었다. 그들에게 교과서 편찬 활동은 단순히 학습 교제를 공급한다는 의미를 넘어 "장래 국가의 운명"이 걸린 문제로 인식되었던 것이다.[7] 실제 이전까지 많은 학교들이 제대로 된 국문 교과서를 갖추지 못해 일본 교과서를 들여와 그대로 사용하는 경우가 많았지만, 이시기부터는 국한문 혼용 교과서들을 채택할 수 있게 되었다.

이 시기 이과로 분류된 과학교과 중에서 생리위생학 분야는 유독 많은 수의 지식인들이 참여해 여러 종의 교과서가 출판됐다. 생리위생학 과목의 수업수가 다른 이과에 비해 특별히 많지 않았던 만큼, 이러한 집중은 한말 지식인들이 서구 과학기술 중에서도 특히 생리위생학 분야에 높은 관심을 가졌음을 보여준다. 비단 교과서 출판뿐 아니라 당대 지식인들의 번역 및 저술 활동 전반에서 그러한 관심을 확인할 수 있다. 한말 유통된 번역 및 저술 문헌을 분석한 허재영에 따르면, 1906년 6월 10일과 13일에 『대한매일신보』에 책 광고를 낸 '평양 종로 대동서관'의 도서 목록 271종 중 가장 많은 것은 역사 55종, 정치 49종 등 인문과학 서적이었지만, 의학이 35종으로 전문 서적임에도 적지 않은 비중

---

7) 喜懼生, 「警告大韓敎育家」, 『대한매일신보』, 1906.6.26; 허재영, 「근대 계몽이 지식 유통의 특징과 역술 문헌에 대하여」, 『어문론집』 63, 중앙어문학회, 2015, 26쪽에서 재인용.

8) 책제목과 저자 혹은 역자를 국한문 혼용, 혹은 순한글로 번역 출판된 경우에는 한글로, 일본에서 출판된 일본어 교재를 그대로 수입해 가져온 책은 일본어로 표기했다. 박종석, 앞의 책, 94-95쪽에서 재인용 편집.

<표 1> 생리학 및 위생학 교과서에 대한 검정, 및 인가 처분 상황[8]

책명	출판 년도	저자/편자/ 역자	발행소	승인유형
생리학	1906	홍석후		1910년 학부 인가
전테공용문답	1899	푸와이드 (Lulu E. Frey)		1910년 학부 인가
중등생리학	1907	김하정	보성관	1910년 학부 인가 1912-15년 총독부 인가
싱리학초권	1908	애니 베어드		1910년 학부 검정, 인가 1912-15년 총독부 검정, 인가
신편생리학교과서	1909	안상호	의진사	1910년 학부 인가 1912-15년 총독부 인가
生徒用圖書身體生理學		當山房編輯 局	當山房	1910년 학부 인가
人體解剖圖		吉永虎雄		1910년 학부 인가
新編生理敎科書	1897	坪井次郎	金港堂	1912년 총독부 인가
近世生理學敎科書	1906	丘淺次郎	開成館	1910년 학부 인가, 1912-15년 총독부 인가
중등생리위생학	1907	임경제	휘문관	1910년 학부 검정, 인가 1912-13년 총독부 검정, 인가 1914년 검정 불허가 1915년 검정 무효
초등위생학교과서	1907	안종화	광학서관	1910년 학부 검정, 인가 1912-13년 총독부 검정, 인가 1914-15년 검정 무효
초등생리위생학대요	1909	안종화	광덕서관	1910년 학부 검정, 인가 1912-13년 총독부 검정 1914-15년 검정 무효
中等生理衛生敎科書	1905	三島通良	金港堂	1910년 학부 인가 1912-13년 총독부 인가
普通生理衛生學	1906	木森千藏	松榮堂	1910년 학부 인가 1912-13년 총독부 인가
高等女學校用生理衛生敎 科書	1910	高等女學校 理科研究會		1912-15년 총독부 인가
生理衛生新敎科書	1911	後藤嘉之	六盟館	1912-15년 총독부 인가
中等生理衛生綱要	1912	中等理科研 究會	元元堂	1914-15년 총독부 인가
中等敎育生理衛生敎科書	1912	丘淺次郎	開成館	1914-15년 총독부 인가

을 차지했다. 무엇보다 당대 지식인들이 최신 지식을 소개하고 각자 자신의 의견을 피력하며 논쟁의 통해 새로운 지식을 만드는 기반이 되었던 학회지에 실린 논문들 중에서도 생리위생학 분야는 교육관련 자료, 언어, 법률, 학문일반에 관한 논술 다음으로 가장 많았다. 결국 이러한 한말 지식인들의 관심과 노력을 통해 서구 근대과학지식, 생리위생학은 근대 전환 공간의 교과서 체계에 빠르게 편입될 수 있었다.[9]

애니 베어드의 『싱리학초권』(1908)도 이러한 맥락에서 출판되었다. 19010년 학부의 검정과 인가, 1912년에서 15년까지 총독부의 검정과 인가를 받은 기록이 남아 있는 것으로 보아 숭실학교에서 생리학 수업용으로 번역해 학부와 이후 총독부의 검정을 받아 교재로 사용한 외에 다른 사립학교들도 학부, 총독부의 인가를 받아 생리학 교과서로 사용한 것으로 보인다.

2. 애니 베어드의 『싱리학초권』(1908)[10]

평양숭실을 설립한 선교사 윌리엄 베어드(William M. Baird, 1862-1931)의 부인 신분으로 그와 함께 1891년 처음 한국에 온 애니 베어드(Annie L. Baird, 1864-1916)는 선교사 배우자로서 그를 보조하는 역할뿐 아니라 직접 강의를 하는 교육자로서, 그리고 한국어로 글을 쓰는 번역가이자 저술가로서 다방면에서 활약하며 중요한 업적들을 남겼다.[11] 특히 "안애리"

---

9) 허재영, 앞의 글, 28~31쪽; 이면우, 「근대 교육기(1876-1910) 학회지를 통한 과학교육의 전개」, 『한국지구과학회지』 22:2, 한국지구과학회, 2001, 75~88쪽.

10) 애니 베어드, 『싱리학초권』, 숭실대학교 박물관 소장본, 1908.

11) 김성연, 「근대 초기 선교사 부인의 저술 활동과 번역가로서의 정체성」, 『현대문학의 연구』 55, 한국문화연구학회, 2015, 266~273쪽; 김승태·박혜진, 『내한선교사총람』, 한국기독교역사연구소, 1994, 149쪽; 애니 베어드에 자세한 생애와 활동에 대

라는 한국 이름으로 번역, 출판한 그녀의 과학교과서들은 기존 한국에
서는 접하기 어려웠던 서구 근대 과학의 실재 내용을 자세히 소개하는
동시에 과학 교재를 갖춘 체계적인 과학 교육을 시작하는 중요한 토대
가 되었다.

숭실학교에서 직접 식물학과 생리학을 가르친 교수로서 애니 베어
드는『식물도설』,『동물학』,『싱리학초권』 등 주로 생물학의 범주에 들
어가는 과학교과서들을 번역했다.[12] 1895년 조선의 근대식 학제 도입
이후 겨우 그 학문 범주가 생겨나기 시작한 근대 과학은 미처 교과체
계도 갖추지 못한 채 근대 교육 과정 안에 등장했는데, 당시 숭실학교
를 비롯한 신식 학교들도 제대로 된 교재 없이 강의가 개설되어 강의
를 진행하는 담당 교사가 매주 강의에 사용할 강의록을 만들어야 했고,
한학기가 끝나 후 이를 묶은 것이 다음 학기 교재가 되기도 했다.[13] 이
러한 상황에서 애니 베어드가 번역한 생물학 서적들도 그녀 자신이 담
당했던 생물학 강의를 비롯해 숭실학교에 개설된 과학과목에 강의 교
재를 제공하기 위한 것들이었다.

애니 베어드가 생리학 수업을 위해 선택한 원서는 윌리엄 테이어 스
미스(William Thayer Smith, 1839-1909)의 *The Human Body and its Health-a
Textbook for Schools, Having Special Reference to the Effects of Stimulants*

해서는 오지석, 「해제―개화기 조선선교사의 삶」,『Inside Views fo Mission
Life(1913): 개화기 조선 선교사의 삶』, 도서출판 선인, 2019, 7~21쪽을 참고하라.

[12] 애니 베어드 옮김,『식물도설』, 대한성교서회, 1908; 애니 베어드 옮김,『동물학』,
1906. 스스로 소설을 창작할 만큼 한국어 실력이 뛰어났던 애니 베어드는 생물학
교재 외에도 윌리엄 베어드가 번역한 역사, 지리 교과서『만국통감』 1-5권의 편역
작업에 참여했고, 다수의 음악, 찬송가를 번역했다. 김성연, 위의 글, 267쪽.

[13] 한명근, 「한국기독교박물관 소장 근대 자료의 내용과 성격」,『한국기독교박물관
자료를 통해 본 근대의 수용과 변용』, 도서출판 선인, 2019, 65~68쪽.

and Narcotics on the Human System (New York, Chicago, Ivison, Blakman, Taylor & Company, 1884)으로 출판된 지 시간이 꾀 지났지만, 여전히 미국의 중등학교에서 교과서로 널리 사용되던 책이었다.[14] 애니 베어드는 다른 번역서들과 마찬가지로 『싱리학초권』도 순 한글로 번역했다. 서구 근대 과학을 한글로 번역하는 일은 낯선 서구식 지식 개념과 더불어 기존 한국에는 존재하지 않던 과학 용어들을 적절한 한국말로 새롭게 창조해내는 작업을 포함했다. 특히 생리학은 기존 한의학과는 다른 방식으로 인간의 신체를 바라보는 서구 의학의 시각이 극명하게 드러나는 분야라는 점에서 양질의 번역을 위해서는 두 지식 체계를 모두 이해할 필요가 있었다. 이렇듯 쉽지 않은 번역 작업이 전적으로 애니 베어드에 의해 이뤄졌지만, 애니 베어드는 서문을 통해 숭실 중학교 졸업생 리근식이 교정 작업에 큰 도움을 주었다며 큰 감사를 표했고, 원서의 출처와 번역 사항을 영문으로 적시한 내지에서는 한국 최초의 서구식 병원인 제중원의 원장을 역임하고 이후 세브란스 병원을 설립한 올리버 에비슨(Oliver R. Avison, 1860-1956)의 도움을 받아 의학 용어를 정리할 수 있었다고 언급했다. 이러한 노력들은 책의 말미에 "명목"이라는 이름으로 묶어, 한글-한자-영어로 순으로 번역 나열한 279개에 달하는 생리학 용어 목록으로 확인할 수 있다.

『싱리학초권』은 애니 베어드가 서문 말미에서 "본 영문에 뜻에 의지해서 번역"했다고 밝혔듯 원서의 구성과 내용에 충실하게 번역되었다. 신체의 각 기관과 기능에 따라 나눠진 10개의 장과 각 소절들, 그리고 응급 상황에 대처하는 법을 다룬 부록까지 동일한 제목의 목차가 그대

---

14) 『싱리학초권』의 원서인 *The Human Body and its Health* 에 대한 원문은 https://archive.org/details/elementaryphysio00smit/page/n6 에서 무료로 제공한다.

<표 2> 스미스의 원서와 애니 베어드의 『싱리학초권』의 목차

Elementary physiology and hygiene. The human body and its health	『싱리학초권』
Chap. 1 Definitions 　　　　Anatomy, Physiology, Hygiene.	제1장 결정함이라
Chap. 2. The Body and Joints	제2장 뼈와 마디라
Chap. 3. The Muscles	제3장 근육이라
Chap. 4. Work and Waste - The Blood	제4장 일하는 것과 쇠약하여짐과 피라
Chap. 5. The Circulations	제5장 피의 순환하는 거시라
Chap. 6. Food and Water, Stimulants and Narcotics	제6장 먹는 것과 마시는 것과 자극하게 하는 독한 물건이라
Chap. 7. Digestion and Absortion - The Lymphatic System	제7장 소화하는 것과 빨아들이는 것과 배설과 림프계통이라
Chap. 8. Respiration and the Voice	제8장 호흡하는 것과 목소리라
Chap. 9. Nervous System	제9장 신경계통이라
Chap. 10. The Skin - the Ear- the Eye	제10장 피부와 귀와 눈이라
Appendix. What to do in Case of Accident	부록 갑자기 죽을 지경에 빠진 사람을 구원하는 방법이라

로 사용됐고, 69개에 달하는 도판도 2개가 빠지고 새로 하나가 추가되는 정도로만 차이가 있을 뿐, 원서의 내용이 거의 그대로 유지됐다. 또한 원서가 가진 일반적인 과학교과서의 특징, 즉 내용을 설명하는 본문과 더불어 배운 내용을 확인하기 위한 연습 문제들을 포함하는 구성도 번역서 역시 교과서라는 점에서 그대로 차용되었다. 책의 마지막에는 "명목"이라는 이름으로 각각 한글 자음순과 알파벳순으로 생리학 용어 278개를 나열한 색인이 붙어있는데, 한글 자음 순과 알파벳순은 순서만 다를 뿐 동일한 항목이다. 이 부분도 원서의 구성과 동일한데, 원서의 색인 항목이 매우 상세하게 나눠진데 비해서는 다소 축약되었다.

　　다만 번역자 애니 베어드가 "안애리"라는 한국 이름으로 새로 쓴 서문으로 시작하는 『싱리학 초권』에는 원저자가 쓴 서문은 빠져있다. 뉴햄프셔주 해노버에 위치한 다트머스 의학 대학(Dartmouth Medical College)의

해부학 및 생리학 조교수로 재직하던 스미스는 원서 서문에서 이 책이 중등 학생들을 위한 교과서로 저술되었으며, 학생들의 효과적인 학습과 불필요한 혼란 방지를 위해 의도적으로 복잡한 작용 설명과 사실적인 도판을 배제하고, 비교적 단순하고 명확하게 신체의 구조와 기능을 제시했음을 밝혔다. 또한 그는 이 책이 해부학과 생리학에 기초해 그것으로부터 유도된 위생 관념과 원칙을 제시함으로써 기존 관습이나 선대의 지혜에 근거했던 불명확한 위생 관념을 벗어나 위생 법칙을 확립하는 데 기여할 수 있을 것이라 주장했다. 무엇보다 그는 이 책의 장점이 신체에 가해지는 다양한 자극과 각성제들의 효과를 풍부한 근거들과 함께 다루는 데 있으며, 학생들이 이 책을 통해 자극과 각성을 통제하는 법을 배울 수 있을 것이라는 기대를 드러냈다. 즉 술과 마약류, 각성제에 대한 절제가 필요함을 과학적으로 밝힌 이 생리학 책이야말로 기독교 선교 학교로서 숭실학교의 교육 이념에 부합하는 것이었다.[15)]

『싱리학초권』의 제1장은 "결정"으로 이 책에서 다루는 학문 분야에 대한 소개와 그 범위를 정의하는 데서 출발했다. 이 책에서 다루는 범주인 해부학, 생리학, 위생의 의미와 효용을 소개하는 장으로 이들 용어들은 모두 기존 한국을 포함한 동아시아에서는 낯선 개념으로 한국보다 먼저 시작된 일본과 중국의 서구 근대 과학 용어 번역 작업 과정에서 만들어진 신조어들이다.

제2장은 뼈와 마디를 다루는 장으로 전체 골격을 설명하고 이어 각각의 뼈들을 상세하게 그린 도판들과 함께 그 모양과 기능을 제시했다.

15) Ibid., p.8.

이어지는 제3장에서는 온몸의 근육들이 어떻게 뼈를 움직이게 하는지를 설명했다. 3장의 말미에서는 전술한 신체의 물리적 움직임, 운동을 가능케 하는 뼈와 근육에 대한 해부학 지식에 기초해 지나친 술이 가져오는 해악들, 즉 근육의 제대로 된 움직임을 방해할 뿐 아니라 근육 변형을 일으키고 종국에는 근육을 무력화하는 기작까지 발생하는 일련의 과정을 이해할 수 있으며, 이러한 생리학 지식을 바탕으로 합리적인 삶을 실천할 것을 강조했다. 〈그림 1〉

제4장과 제5장에서는 피와 그 순환을 다뤘다. 혈액과 혈장, 혈구 등 혈액 안의 다양한 요소들을 다루고, 심장을 통해 이뤄지는 피의 대순환과 폐를 통과하는 소순환을 다양한 도판들을 통해 설명한다. 더불어 이러한 대순환이 술로 인해 어그러질 수 있음을 경고했다. 〈그림 2〉

제6장과 제7장에서는 우리가 섭취하는 음식들과 그것을 처리하는 소화, 흡수, 배설 등 물질 대사의 전 과정을 설명했다. 특히 애니 베어드는 이 부분에서 술과 담배, 아편은 물론 커피와 차의 해약을 원서 보다 더 강경한 어조로 표현하고 있으며, 이들 물질들을 적절히 통제할 수 있는 자제력, 윤리적 태도가 반드시 필요함을 다시 한번 강조했다.[17]

제8장에서는 호흡기계통을 다루고 있다. 이 부분에서는 먼저 공기의 구성 등과 기체의 희박함 등 자연환경에 대한 설명을 제시하고, 기관지, 폐를 통해 호흡이 이뤄짐을 설명한다. 호흡을 통해 산소를 공급받

---

16) 애니 베어드. 앞의 책, 4쪽.

17) 제7장 제5편 「낡은것을 내어버리는 긔계」는 스미스의 원서에는 그 내용이 없다. 이 부분에 원서에 없는 배설기 계통 도판도 추가됐다. 다만 다른 장들 끝에는 달려 있던 습문이 이 부분에는 없다. 애니 베어드, 앞의 책, 111~112쪽.

18) 애니 베어드, 앞의 책, 60쪽.

〈그림 1〉 뼈의 구조와 그 기름16)

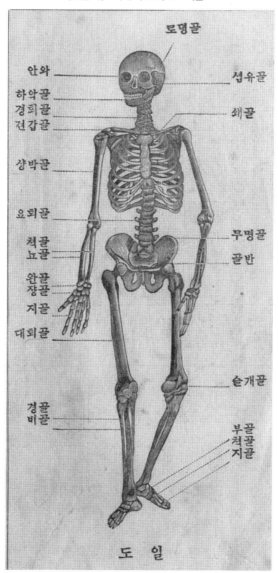

도 일

출처: 〈숭실대학교 한국기독교박물관 소장〉

〈그림 2〉 대동맥과 대정맥, 모세혈관[18]

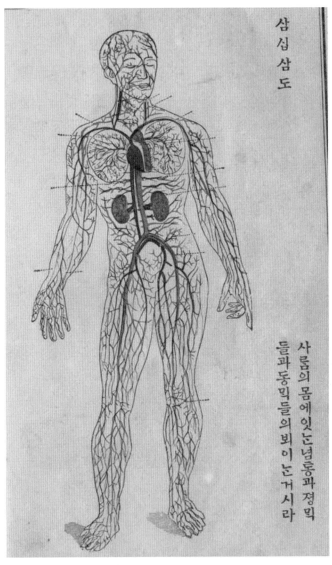

출처: 〈숭실대학교 한국기독교박물관 소장〉

고 이를 피의 순환을 통해 온몸에 보내는 원리를 제시했다. 특히 목소리를 내는 것이 곧 공기를 받아들이고 내보내는 호흡 과정이며, 술과 담배가 이러한 호흡을 저해해 "후환"을 가져올 수 있음을 지적했다.

제9장은 신경계통(The Nervous System)에 대한 설명으로 뇌가 신체의 모든 활동을 주관한다는 서구식 인체관이 강하게 드러난다. 대뇌야 말로 "높은 지혜와 지각이 있는" 생물체의 것으로 신체가 처한 상황에 따라 근육의 움직임, 피의 순환, 호흡기, 소화기 계통 등 신체의 모든 기관들이 적절히 대처할 수 있도록 조절하는 역할을 한다는 것이다. 술과 담배는 이러한 대뇌활동을 저해하는 가장 주된 해약으로 지나치면 "후환"이 생길 수 있음을 다시 한번 경고했다. 또한 이 장에서는 서구에서도 비교적 최신 이론인 감각 뉴런과 운동 뉴런을 통한 자극과 반응 명령 전달 기작을 상세하게 설명하고 있다.

제10장에서는 피부를 포함한 신체의 말단 감각 기관을 살펴봤고 실제 응급 상황이 발생했을 때 필요한 처치들, 갑자기 죽을 지경에 빠진 사람을 구원하는 방법이라는 부록을 수록했다.

마지막으로 명목이라는 이름으로 279개에 이르는 생리학 용어 색인을 제시해 생리학의 중요 개념들을 찾아보기 쉽도록 했다. 앞서 언급했듯이 명목 또한 원서에 있는 색인을 번역한 것이지만, 새로운 지식을 도입, 소개하는 시기에 이뤄지는 학술 용어 목록 작업은 단순한 번역작업을 넘어 기존 사용되는 용어들 중에서 적절한 용례를 찾아내고, 많은 경우 새로운 용어를 창작하는 일까지를 포함하는 방대한 작업이었다. 골격 명칭이나 위, 간, 염통(심장), 허파(폐) 같은 신체기관들의 명칭은 대부분 기존 한의학에서 사용하던 이름을 그대로 가져왔고, 가운데 귀(중이), 검은즈우 등 고유어로 표현하기도 했다. 기존 한의학에는 존재하지 않는 서구의학 고유의 개념들, 예를 들어, 생리학, 위생학, 해부학, 세포 등은 상당부분 중국, 일본의 번역 작업에서 만들어진 용어들을 차용했지만, 일부 용어들은 따로 용어가 만들어지지 않아 림프, 림프선과 같이 중국에서 음차한 용어를 사용하거나 히비쓰시쇼관, 글구텐 등 영어식으로 그대로 읽어 한글로 표기하기도 했다. 특히 개념화 작업 없이 서술형으로 표현한 목록들이 눈에 띄는데, 쇼화하는 것(소화), 빨아들이는 것(흡수), 피의 순환하는 것(순환) 등 주로 물질 대사의 작용 기작을 설명할 때 이러한 방식을 사용했다.

Ⅲ. 평양 숭실의 과학 교육과 생리학 수업의 특징

중학교와 대학교로 구성된 평양숭실은 설립 초기부터 기계창, 산업부를 설치하는 등 근면·성실한 기독교인을 길러내는 동시에 학생들의 자립을 돕기 위한 실업 및 기술 교육을 중시했다, 이러한 설립 취지에 따라 숭실학교는 기술교육에 기반이 되는 자연과학을 교과 과정 내에 중요한 부분으로 포함했다. 이러한 노력은 특히 교수 임용과 배치에서 잘 드러나는데, 고등교육을 실시할 수 있는 교수를 채용하는 일이 쉽지 않았던 상황에서 숭실대학은 1910년 어렵게 확보한 7명으로 교수진과 2명의 강사진 중 5명을 자연과학 및 기술교육에 배치했다. 감리교 선교사 베커 목사가 숭실중학의 교장 역할을 수행하면서도 숭실대학에서 물리학과 화학을 가르쳤고, 북장로교 선교사로 한국으로 교육 사역을 온 칼 루퍼스 목사는 수학과 천문학을 교수직을 맡았다. 나머지 자연과학 일반, 지질학과 생물학, 생리학에 대한 강좌는 북장로교 선교사

모우리 목사와 애니 베어드가 나눠 맡아 개설했다. 또한 숭실대학은 기계창에 대한 운영과 더불어 학생들에게 기술 교육을 실시하기 위한 적임자로 북장로교 선교사 맥트머리를 숭실대학 강사로 특별 초빙해 기술 교육에 만전을 기했다. 숭실대학이 확보한 나머지 교수들의 면면과 각 교수들의 이력은 〈표 3〉을 통해 확인할 수 있는데, 이러한 교수 구성은 철학, 심리학, 언어 및 음악 교수였던 호프만을 대신해 북장로교 선교사 번하이슬과 스미스가 부임한 정도를 제외하고는 1910년대 말까지 유지됐다. 다만 선교사들의 외유 혹은 와병으로 수업이 중단되기도 했는데, 1910년에는 루퍼스가 와병으로 미국으로 돌아가자 다른 강사를 구하고자 했으나 상황이 여의치 않아 고등수학 강의가 중단되기도 했고, 1912년 이후 루퍼스가 평양에서 교육 사역을 더 이상 수행할 수 없어 미국으로 돌아간 이후에는 한동안 수학과 천문학 수업을 담당할 교수를 찾지 못해 교수좌를 공석으로 남겨둘 수밖에 없었다.[19]

이들 대학 교수진의 역할을 비단 대학수업을 담당하는 것에서 그치지 않았다. 숭실중학의 수업을 담당할 교사진을 길러내는 일 또한 그들의 몫이었다. 신실한 기독교인을 길러내는 것이 아니라면 기독교 학교를 설립, 운영할 이유가 없다고 공공연하게 말한 윌러엄 베이드의 이념에 따라 숭실학교는 교수진은 물론 학생들까지 모두 기독교인들 가운데 선발되었다. 따라서 교사들도 기독교인들 중에서 충당되어야 했고, 초기에는 주로 숭실중학을 졸업한 이들 가운데 채용되었다. 그들 중에는 대학교육을 받은 이들도 있었지만, 대체로 숭실대학의 교수들이 담당하는 사범학교 프로그램을 통해 중학교 교사로서 기본적인 지

---

[19] 『평양숭실 역사자료집 IV』, 24~27쪽, 41~42쪽.
[20] 위의 책, 27쪽, 41~42쪽.

<표 3> 숭실대학의 교수진 명단과 담당강좌 및 약력[20]

교수 및 강사진	담당 과목	이력 사항
윌리엄 베어드 (W. M. Baird, 裵偉良)	성서 교육, 윤리학 및 교육학	북장로교 선교사 숭실대학 학장
베커(A. L. Beaker, 白雅德)	물리학 및 화학	감리교 선교사 숭실학교 감리교 측 교장역임
칼 루퍼스 (W. C. Rufus, 劉芙秀)	수학 및 천문학	감리교 교육 선교사
빌링스 (B. W. Billings, 邊永瑞)	역사학 및 정치학	감리교 선교사 연희전문학교에서 교육 선교에 앞장서다 1939년 추방
모우리 (E. M. Mowry, 牟義理)	자연과학 담당 : 지질학, 동물학, 식물학, 생리학	북장로교 선교사 3·1운동으로 옥고를 치름, 이후 폐교시까지 숭실대학 학장 역임, 1940년 추방
애니 베어드 (Annie. L. A Brird, 安愛理)	생물학 및 생리학	선교사 부인으로 내한, 선교 활동과 더불어 번역 사업에 매진
호프만 (C. S. Hoffman, 咸嘉倫)	정신과학 담당 : 철학, 심리학, 논리학, 언어 및 음악	북장로교 선교사 이후 강계 영실중학교, 선천 신성중학교 교장 역임
번하이슬 (C. F. Bernheisel, 片夏薛)	철학, 논리학, 기독교 사회학 및 근대 역사학	북장로교 선교사 1940년 추방될 때까지 평양숭실 및 평양장로회신학교에서 교수 역임
스미스(W. E. Smith, 沈翊舜)	심리학, 윤리학, 음악 및 성서학	북장로교 선교사, 1919년 귀국할 때까지 교수 역임
맥머트리 (R. M. McMurtrie, 孟老法)	근로 훈련 및 기계 제도	북장로교 선교사 기계창 운영 담당자로 특별 초빙됨, 은퇴 시까지 기계창운영 및 선교지부 소속 건물 관리를 책임짐

식과 소양을 갖출 수 이었다. 그러나 이러한 사후 교사 양성 프로그램
으로도 교사 수요를 감당하기 어려워지자 숭실학교는 숭실 대학 재학
생들 중 일부와 몇몇 선교사들, 숭실대학 교수들에게도 중학교 수업을
맡길 수밖에 없었고, 이를 위해 중학교 수업은 오전에, 대학 수업은 오
후에 배치하기도 했다.[21]

이러한 어려움 속에서도 숭실학교는 실질적인 기술 및 자연과학 수업이 이뤄질 수 있도록 여러 방면에서 노력했다. 무엇보다 근대 서구 과학기술의 토대라고 할 수 있는 실험, 실습이 기술 및 자연과학 수업과 병행해 적절히 이뤄질 수 있도록 그 물적 기반을 갖추고자 해외선교본부에 요청서를 보내는가 하면 기금마련을 위한 모금 행사들도 벌였다.[22] 당시 해외선교본부에 보낸 기금 요청서의 내용을 살펴보면, 숭실학교는 이미 확보된 1만 달러로 새로운 학교 건물을 짓고 있으며, 이후 신축 건물에 들어갈 장비들을 구입하기 위해 추가 지원이 강력히 필요했다. 신축 건물에 들어갈 여러 장비들 중에는 책상 및 의자, 시계, 종, 타자기, 전화 등 일반 설비도 있었지만, 무엇보다 지도, 각종 차트, 지구본 등 각 강좌에 필요한 교구들이 포함됐고, 자연과학 실험실을 꾸미기 위한 실험 장비들을 요청됐다. 특히 숭실학교는 정밀시계, 온도계, 기압계 등 각종 정밀 측정 장치와 더불어 분야별로 열, 빛 전기 및 고급 기계학에 필요한 모든 장비, 화학 실험을 위한 화학물질 및 실험 용기, 지질 관찰 실험을 위한 지진계, 천문관찰에 사용할 망원경, 그리고 생물학 수업에 필요한 생물 슬라이드 모음집과 학생용 고성능 현미경을 망라하는 요청서를 작성해 각 분야별로 전문적인 실험실을 갖춰 갈 계획을 가졌음을 드러냈다.[23]

자연과학 실험실은 그 설비 구축 뿐 아니라 운영을 위해서도 지속적

---

21) 위의 책, 28쪽.

22) 기계창 관리 및 기술 담당 강사 맥머트리가 미국에서 다니던 교회의 목사, 마르퀴스 부부를 초청해 강연회를 열고 학교 부지 매입을 위한 기금을 조성하기도 했고, 이후 숭실대학 3대 학장이 된 북장로교 선교사 메펫의 주선으로 맥코믹 여사(N. F. McComick)이 학교 운영 기금을 출연하기도 했다. 위의 책, 31쪽.

23) 위의 책, 32~34쪽.

인 투자가 필요했던 만큼 숭실학교는 그 운영비를 마련하기 위해 지속적인 노력을 해야 했는데, 1913년 숭실대학의 학장이자 숭실중학의 교장으로서 윌리엄 베어드가 이사회에 보낸 보고서에 따르면, 당시까지 많은 실험 장비들이 구비되어 실제 실험 수업에 사용되고 있지만, 여전히 많은 장비를 구비해야했고, 특히 실험실 조교를 2명 정도 채용할 수 있도록 인건비를 포함한 예산증액이 반드시 필요했다. 나아가 윌리엄 베어드는 장기적으로 기계창 확충을 위한 5천 원, 관측소 및 과학관 건립을 위한 각각 1만 원과 4만 원 상당의 기금을 조성할 것을 요청했다.[24]

이러한 실험실을 기반으로 식물학, 동물학, 그리고 생리학을 포함한 생물학 강좌가 숭실학교의 정규 수업 과정에 포함되었다. 숭실대학은 1912년부터 선택과목 체계를 도입해 자연 과학 강좌들을 선택해서 수강할 수 있도록 했고, 숭실중학의 경우는 조선총독부의 중학교 관제에 따라 박물 과목의 일부로 각 학년 별로 식물학과 동물학, 그리고 생리학 수업을 배치했다. 사실 기독교 학교의 설립 초기 학교 운영 및 확장을 위한 비용 마련으로 재정압박에 시달리고 있던 숭실학당의 상황에서 지속적인 투자가 필요한 실험실을 제대로 운영하기는 쉽지 않았다. 베어드가 이사회에 보낸 보고서에 따르면, 1913년까지 숭실대학은 여전히 전공수업을 시작하지 못했고, 전공과목 담당 교수들이 자신의 연구를 수행할 기회를 제공하지 못했다.[25] 학술 연구는 고사하고 기초 학습 자료도 부족한 형편이었는데, 생물학 실험실에 인체 모형, 해골을 갖추지 못해 애니 베어드가 직접 개의 사체를 수거해, 삶아 살을 발라

24) 위의 책, 47~48쪽.
25) 위의 책, 45쪽.

내고 뼈를 추리고 맞춰 생리학 수업 교구로 사용했다는 일화는 초기 숭실학교가 실험실을 조성하며 겪었던 어려움을 여실히 보여주는 동시에 그럼에도 실험과 실습을 토대로 생물학 수업을 꾸려가고자 했던 노력을 확인시켜준다.

이렇듯 숭실학교가 여러 어려움에도 불구하고 기술 및 자연 과학 수업을 학과 과정에 중요하게 포함한 배경에는 자연과학 강좌가 학교 설립 취지인 기독교 이념에 잘 부합한다는 이유도 있었다. 기독교 선교 활동의 일환으로서 숭실학교의 자연과학 교육 방향은 무엇보다 애니 베어드가 담당한 특별 사역, 즉 수업에 적합한 생물학 교과서들을 직접 선정하고 번역해 숭실학교의 생물학 수업 교과서로 제공한 번역 결과물들을 통해 확인할 수 있다. 애니 베어드는 식물학과 동물학 수업을 위한 교재로 아사 그레이(A.L.Gray, 1810-1888)의 책, *Zoology*와 *Botany for Young People and Common Schools*(1858)를 번역해 『동물학』(1906)과 『식물도설』(1908)이라는 제목으로 출판했다.26) 이들 원서의 저자 그레이는 19세기 미국의 대표적인 생물학자 중 한사람으로 미국에 다윈주의를 소개하고 적극 지지한 인물이었다. 무엇보다 그는 다윈의 진화론을 기독교적 세계관 안에서도 충분히 수용 가능하다고 보아 그 충돌 가능성을 생물학 이론으로 해소하고자 노력한 인물로 그의 또 다른 생물학 교과서, *Natural Science and Religion: Two Lectures Delivered to Theological School of Yale College*(New York, Scribnerl's, 1880)는 예일대학 신학과 교재로 쓰이기도 했다.27) 즉 애니 베어드는 기독교적 세계관 안

---

26) 숭실대학교, 『숭실대학교 100년사』, 숭실대학교 100년사 편찬위원회, 1997, 84쪽. 92쪽.

27) 아사 그레이에 대한 소개는 백과사전을 참조했다. https://www.encyclopedia.com/humanities/encyclopedias-almanacs-transcripts-and-maps/gray-asa-1810-1888; 김성연, 앞

에서 생물학의 최신 내용들을 충실하게 소개하는 중등 교과서를 숭실학당의 과학교과서로 삼고자 했던 것이다.

특히 신의 피조물인 인간의 신비를 과학적으로 논증하는 교과이자 위생 규칙을 교과 내용의 일부로 포함하는 생리학 강좌는 성실한 기독교인으로서의 삶의 태도가 곧 과학적인 삶의 태도임을 강변한다는 점에서 기독교 사학의 자연과학 교과로서 중요한 역할을 했다. 애니 베어드가 생리학 수업의 교과서로 앞서 소개한 윌리엄 테이어 스미스의 책을 선정한 이유도 바로 이러한 맥락에서 이해할 수 있다. 생리학은 인체에 해부학적 이해를 바탕으로 신체에서 일어나는 물질대사, 약리작용을 설명하는 학문으로 의학, 생물학 범주에 포함되는 학문이지만, 동시에 건강 유지를 위해 필요한 위생관념과 생활규범을 제시한다는 점에서 윤리의식을 내포했다.

윌리엄 테이어 스미스의 책은 다른 생리학 교과서들에 비해 당시 전염병의 원인으로 새롭게 규명되어 새로운 위생규칙의 근거가 된 세균설에 대해서는 매우 소략하게 다루고 대신 "자극과 각성제의 효과"를 부재로 달아둘 만큼 술과 마약류가 각 신체기관에 미치는 폐해를 강조했다. 즉 해부학자 이자 의사였던 원서의 저자 스미스는 책에서 명확하게 기독교 세계관을 표출하지는 않았지만, 절제를 강조했다는 점에서 청교도적 윤리의식을 공유했다. 애니 베어드도 번역서에 붙인 서문에서 "하느님께서 사람을 만드실 때 마음과 영혼을 주실 뿐 아니라" "마음과 영혼이 살 집"인 몸도 주셨으니 "예수를 믿어 영혼을 닦고 학문을 힘써 마음을 닦으며 생리학을 배워 배운 대로 몸을 닦으면 온전한 사

의 글, 268쪽.

람"이 될 것이라며 생리학의 효용을 제시했다.[28] 무엇보다 애니 베어드는 담배와 술은 몸을 무너뜨리는 행위로 절대로 해서는 안 될 일로 강조했는데, 그녀는 원서의 각성제(narcotics)를 "취하게 하는 독한 물건"으로, 원서에 "알콜이 근육에 미치는 영향", "알콜이 순환에 미치는 영향" 정도로 제시된 항목들을 "주정과 담배의 후환"이나 "주정이 피와 밋 순환하는 것을 해하게 함이라"으로 한층 더 강력한 표현을 선택해 번역했다.[29]

Ⅳ. 나가며

지금까지 애니 베어드의 생리학 교과서의 번역과 그 활용을 기독교 선교학교인 숭실학교의 자연과학 수업을 통해 살펴보았다. 생리학 분야는 19세기 말 빠르게 유입된 서구 근대 과학 중에서도 관심이 매우 높았던 분야였다. 특히 생리학 분야는 근대 학제가 도입되는 과정에서 중요 교과목 중 하나로 채택되어 빠르게 수용될 수 이었다. 이에 따라 교과서 수요가 증가했는데, 미국의 교과서를 직접 번역한 애니 베어드의 『싱리학초권』은 초기 생리학 교육에 중요한 역할을 했다.

을사조약 이후 통감부가 대한제국에 대한 통제를 강화하는 가운데, 수업 연한을 줄이고 고등 교육기관을 두지 않는 등 대한제국의 학제를 축소 · 개편하고, 나아가 소학교에서부터 일본어 교과서를 채택하는 안을 검토 중이라는 사실이 알려지면서 한말 지식인들의 교과서 번역 및

---

[28] 애니 베어드, 앞의 책, 3~4쪽.
[29] 위의 책, 37쪽, 66쪽, 81~88쪽, 113~115쪽, 140쪽, 156~158쪽, 184~185쪽.

집필 활동은 더욱 가속되었다. 이 때 많은 수의 자연과학 교과서들도 번역 출판되었는데, 특히 생리학 분야의 교과서 출판이 두드러졌다. 그 중 애니 베어드의 『싱리학초권』은 다른 책들이 주로 일본의 교과서를 국한문 혼용체로 번역 출판한데 비해, 미국의 중등 교과서를 순 한글로 출판했다는 점에서 큰 차이가 있었다.

숭실학교는 설립 초기부터 산업부를 두는 등 기술 및 자연과학 교육을 중시했다. 자연과학을 담당한 교수진의 확충에도 큰 노력을 기울여 9명의 교수진 중 5명이 수학 및 천문학, 물리와 화학, 그리고 생리학을 포함한 생물학 강좌, 기술 훈련을 각각 담당했다. 특히 숭실학교는 실험과 실습의 실질적인 과학기술 학습이 이뤄질 수 있도록 많은 노력을 기울였는데, 별도의 과학관을 건립하고 각 분야별로 실험실을 갖추어 갔다.

이렇듯 숭실학교가 초기부터 자연과학 및 생리학 강의를 중시한 배경에는 특히 생리학 수업이 신실한 기독교인을 길러낸다는 선교학교의 설립 취지에 잘 부합한다는 이유도 있었다. 인체의 특성을 다루는 생리학에는 인체가 건강을 유지하기 위해 실천해야 하는 위생교육도 포함됐는데, 바로 이러한 부분에서 기독교 윤리가 투영될 수 있었다. 애니 베어드의 『싱리학초권』당시 질병의 원인으로 강력하게 제시되고 있는 세균감염 우려에 대한 기술보다는 술과 담배, 아편 등 각성제의 위험을 강조하는 부분이 많았는데, 애니 베어드는 번역 과정에서 원저자보다도 더 강력하게 술과 담배의 해약을 지적하고, 금주, 금연해야 함을 강력한 어조로 기술했다. 이러한 부분들은 기독교인의 윤리가 곧 "과학적"으로 증명된 근대인의 삶의 방식으로 교육될 수 있다는 점에서 숭실학교와 같은 선교학교에게 커다란 매력이 있었다.

참고문헌

제1부 교회 : 새로운 가치관의 수용과 변용

┃근대전환기 한국교회 초기 혼인관(婚姻觀)의 한 유형
−숭실대학교 한국기독교박물관 소장 애니 베어드(Annie L. Baird)의
『고영규젼(高永規傳)』 *Two Short Stories*를 중심으로 ┃

『성경전서』, 개역

『주역』

배부인, 『고영규젼 高永規傳』(Two Short Stories), 야소교서회, 1911.

소재영 · 김경완, 『개화기 소설』, 숭실대학교출판부, 2000.

권순학, 「혼인과 연애의 풍속을 내면서」, 국사편찬위원회 편, 『혼인과 연애의 풍속』, 두산동
　　　아, 2005.

금장태, 『유학사상과 유교문화』, 한국학술정보, 2001.

김경완, 『한국소설의 기독교 수용과 문학적 표현』, 태학사, 2000.

김경완, 『고대소설과 개화기소설의 기독교적 의미』, 월인, 2000.

김정숙, 「조선후기 서학수용과 여성관의 변화」, 『韓國思想史學』 20, 韓國思想史學會,
　　　2003.

김태길, 『소설에 나타난 한국인의 가치관』 I , 문음사, 1986.

문시영, 『기독교 윤리 이야기』, 한들, 1997.

백종구, 「초기 개신교 선교부의 사회윤리」, 한국교회사학연구원, 『敎會史學』 1:1, 한국기독 교회사학회, 2001.

소재영 외, 『기독교와 한국문학』, 대한기독교서회, 1990.

소혜왕후 한씨, 오영석 교주, 『내훈(內訓)』, 문조사, 1986.

신영숙, 「신식 결혼과 변화하는 결혼 양상」, 국사편찬위원회, 『혼인과 연애의 풍속』, 두산동 아, 2005.

신원하, 『교회가 꼭 대답해야 할 윤리 문제들』, 예영커뮤니케이션, 2001.

유영렬 · 윤정란, 『19세기말 서양선교사와 한국사회』, 景仁文化社, 2004.

이길연, 『한국 근 · 현대 기독교문학 연구』, 국학자료원, 2001.

전미경, 『근대 계몽기 가족론과 국민생산 프로젝트』, 소명출판, 2005.

한기채, 「기독교윤리와 이야기」, 한국기독교윤리학회 편, 『기독교윤리학개론』, 대한 기독교 서회, 2005.

龐迪我, 박유리 옮김, 『七克』, 『칠극』, 일지사, 2005.

다니엘 기포드, 심현녀 옮김, 『조선의 풍속과 선교』, 한국기독교역사연구소, 1995.

E.J. 오페르트, 신복룡 · 장우영 옮김, 『금단의 나라 조선』, 집문당, 2000.

숭실대학교 한국기독교박물관 학예과, 『한국기독교박물관 소장 고문헌목록』, 숭실대학교 한 국기독교박물관, 2005.

총회예식서수정위원회 편, 『표준예식서』, 한국장로교출판사, 2001.

한국감리교회사학회, 『죠션그리스도인회보』 2, 한국교회사문헌연구원, 1990.

H. Richard Niebuhr, *The Meaning of Revelation*, New York: Macmillan Publishing Co. 1941.

서울육백년사, 신식혼례

http://seoul600.visitseoul.net/seoul-history/sidaesa/txt/6-9-5-1-1-1.html

크리스천투데이, 2005.5.7, http://blog.naver.com/jjkkhh2232

관혼상제 http://100.naver.com/100.nhn?docid=83087

▌자료로 본 초기 한국기독교계의 혼인론(婚姻論) - 『혼인론』(1914)과 『교인의 혼례론』(1922) ▌

『독립신문』, 『기독신문』

김미영, 「1920년대 신여성과 기독교의 연관성에 관한 고찰」, 『현대소설연구』 21, 한국현대소설학회, 2004.

이숙진, 「초기 기독교의 혼인담론 - 조혼, 축첩, 자유연애를 중심으로」, 『한국기독교와 역사』 32, 한국기독교역사연구소, 2010.

한규무, 「초기 한국장로교회의 결혼 문제 인식(1890~1940)」, 『한국기독교와 역사』 10, 한국기독교역사연구소, 한국기독교역사연구소, 1999.

숭실대학교, 『(한국기독교박물관 소장) 기독교 자료해제』, 2007.

산정현교회 홈페이지(http://www.sanjunghyun.kr/)

▌근대전환기 기독교윤리 교육과 주일학교의 아동중심교육학 ▌

김양선, 『한국기독교사연구』, 기독교문사, 1971.

대한예수교장로회 연동교회, 『연동주일학교100년사 - 1907-2007』, 연동교회 역사위원회, 2008.

문백란, 「남궁혁의 신학사상 연구」, 연세대학교 연합신학대학원 석사학위논문, 2004.

구장률, 『근대초기 잡지와 분과학문의 형성』, 케포이북스, 2012.

김권정, 「한국기독교초기 유교지식인의 기독교사회윤리연구 - 월남 이상재를 중심으로」, 『기독교사회윤리』 20, 한국기독교사회윤리학회, 2010.

김권정, 「근대전환기 윤치호의 기독교사회윤리사상」, 『기독교사회윤리』 22, 한국기독교사회윤리학회, 2011.

김명배, 「1920년대 민족주의운동과 기독교의 연관성에 관한 연구 - 기독교 사회윤리의 관점에서」, 『기독교사회윤리』 32, 한국기독교사회윤리학회, 2019.

김성학, 「서구 교육학 도입과정 연구」, 연세대학교 박사학위논문, 1995.

김준옥, 『주일학교교수원칙』, 연희주일학교부, 1930.

김폴린, 『한국기독교 교육의 역사』, 대한기독교서회, 1992.

문동환, 「한국의 교회교육사 – 주일학교 운동 중심으로」 39, 대한예수교장로회 연동교회, 『연동주일학교100년사:1907-2007』, 연동교회 역사위원회, 2008.

문동환, 「한국의 교회교육사 – 주일학교 운동 중심으로」, 대한기독교교육협회, 『한국기독교 교육사』, 대한기독교교육협회, 1973.

문시영 외, 『근대 사상의 수용과 변용 I』, 선인, 2020.

박정신, 『한국기독교 읽기』, 다락방, 2004.

배덕영, 『주일학교 조직과 관리』, 기독교 조선감리회 총리원교육국, 1935.

백낙준, 『백낙준 전집 I: 한국개신교사』, 연세대학교 출판부, 1995.

백종구, 「초기 개신교 선교부의 사회윤리」, 『교회사학』 1:1, 한국기독교회사학회, 2001.

소홍희, 「초기 한국주일학교(1888-1945년) 공과교재에 따른 교사교육방법 연구」, 총신대학교 석사학위논문, 2018.

안병준, 「조선주일학교연합회연구 – 1922년-1937년간의 주일학교운동을 중심으로」, 연세대학교 석사학위논문, 1983.

안병창, 「한국교회의 청소년부 교육과정 변천사 – 5개 교단을 중심으로」, 백석대학교 박사학위논문, 2010.

엄요섭, 『한국기독교역사소고』, 재단법인 대한기독교회, 1959.

오지석, 『서양 기독교윤리의 주체적 수용과 변용: 갈등과 비판을 넘어서』, 푸른영토, 2018.

윤춘병, 『한국감리교회 주일학교 사화』, 기독교대한감리회본부 교육국, 1992.

이윤진, 「1910년대 개신교 주일학교의 교육활동」, 『한국교육사학』 30:2, 한국교육사학회, 2008.

이지혜, 「전(全) 조선주일학교대회에 관한 연구」, 서울장신대학교 석사학위논문, 2018.

장금현, 「재한복음주의선교통합공의회」, 『성결교회와 신학』 6, 현대기독교역사연구소, 2001.

정창원, 「한국미션건축에 있어서 개신교 개척선교사의 활동과 영향에 관한 연구 – 그래함 리(Graham Lee)의 건축활동을 중심으로」, 『건축역사연구』 13:2, 2004.

조선혜, 「노블부인의 선교생활 연구」, 감리교신학대학교 박사학위논문, 2012.

최원주, 「남궁혁의 생애와 사상 – 교회일치와 연합사상을 중심으로」, 연세대학교 연합신학대학원 석사학위논문, 1993.

홍병선, 『근셰쥬일학교교슈법』, 조선야소교서회, 1922.

Athearn, W.A. *The Church School*, 한석원 옮김, 『최근쥬일학교론』, 조선야소교서회, 1922.

Hamill, H.M. *Legion of Honor, Teacher Training Lessons*, 크램(Cram, W.G) 옮김, 『교사량셩 쥬일학당교과셔』, 발행처 불명, 1909.

Jürgen Schlaeger, ed., *Metamorphosis Structures of Cultural Transformations*(Tübingen: Gunter Narr Verlag, 2004)

Munkres, A. *Primary Method in the Church School*, 남궁혁 옮김, 『최신유년쥬일학교교슈법』, 조선야소교서회, 1922.

Rhodes, H.A. *History of The Korea Mission Presbyterian Church* U.S.A, 최재건 옮김, 『미국 북장로교 한국선교회사』, 연세대학교출판부, 2009.

한국기독교역사연구소, 『자료총서 제17집: The Journals of Mattie Wilcox Noble, 1892-1934』, 한국기독교역사연구소, 1993.

「레비일공과」, 『죠션그리스도회보』 1897.2.10.

Documenting the American South
(https://docsouth.unc.edu/fpn/hamill/summary.html/2020년 5월 2일 접속).

제2부 학교 : 근대 학문 분야의 수용과 변용

▌식민지 시기 『심리학교과서』와 계몽 ▌

김하정 譯述, 『심리학교과서』, 숭실대학교 한국기독교박물관, 1907.

李義喆, 『心理學史』, 서울대학교출판부, 1971.

Joseph Haven, *Mental philosophy*, New York: Sheldon and Company, 1882.

西周 譯, 『奚般氏心理學』, 国立国会図書館テシタルコレクシヨン, 1878

井上哲次郎 譯, 『倍因氏心理新說』, 国立国会図書館テシタルコレクシヨン, 1886.

康允浩, 「개화기의 교과용도서(2)」, 『한국문화연구원논총』 11, 이화여자대학교 한국문화연구원, 1967.

권두연, 「보성관(普成館)의 출판 활동 연구」, 『현대문학의 연구』 44, 한국문학연구학회, 2011.

金度亨, 「근대초기 일본 양학(洋學)수용의 유교적 맥락 – 가토 히로유키(加藤弘之)의 도나리구사(鄰草)를 중심으로」, 『일본학보』 99, 한국일본학회, 2014.

김성근, 「메이지 일본에서 '철학'이라는 용어의 탄생과 정착 – 니시 아마네(西周)의 '유학과 'philosophy'를 중심으로」, 『동서철학연구』 59, 한국동서철학회, 2011a.

김성근, 「니시 아마네(西周)에 있어서 '理' 관념의 전회와 그 인간학 취약성」, 『대동문화연구』 37, 성균관대학교 대동문화연구원, 2011b.

김성근, 「니시 아마네(西周)의 과학개념 – '學', '物理', '格物'을 중심으로」, 『동서철학연구』 73, 한국동서철학회, 2014.

김성근, 「메이지 일본의 과학과 제국주의 – 스기우라 주고(杉浦重剛)의 '이학종(理學宗)'을 중심으로」, 『동서철학연구』 82, 한국동서철학회, 2016.

박승희, 「메이지(明治) 초기번역의 국가주의적 성격에 관한 연구」, 한국외국어대학교 일본학과 대학원 석사학위 논문, 2008.

서호철, 「七情에서 '感情'으로 – 감정 관련 번역어의 수용과 사용」, 『사회와 역사』 118, 한국사회사학회, 2018.

신현승, 「西周의 번역어 창출과 중국의 유교」, 『일본사상』 22, 한국일본사상사학회, 2012.

양현혜, 「김교신의 '조선산 기독교'론과 우치무라 간조」, 『한국 근대지식인의 민족적 자아형성』, 소화, 2004.

육영수, 「'식민지 계몽주의'에 관한 트랜스내셔널 시각과 비평 – 근대의 자원병 혹은 징집병」, 『세계역사와 문화연구』 41:1, 한국세계문화사학회, 2016.

이새봄, 「메이로쿠샤(明六社) 지식인들 논의에 나타난 다양성과 공존의 문제」, 『개념과 소통』 18, 한림과학원, 2016.

李海明, 「개화기 교육목표와 교과서 내용과의 차이점 연구」, 『論文集』, 단국대학교, 1998.

정병호, 「한일근대문예론에 있어서 정(情)의 위치 – 지(知) · 정(情) · 의(意)의 범주를 중심으로」, 『亞細亞文化硏究』 8, 韓國暻園大學校 아시아文化硏究所, 2004.

조요한, 「한국에 있어서의 서양철학 연구의 어제와 오늘」, 『思索』 3, 숭실대학교 철학과, 1972.

차재호, 「한국심리학의 발전과정과 현재」, 『한국사회과학』 27, 서울대학교 사회과학연구원,

2005.

최경옥, 「메이지기 일본의 서양문명 수용과 번역」, 『번역학연구』 6, 한국번역학회, 2005.
카토 슈이치(加藤周一), 「메이지 초기의 번역-왜·무엇을·어떻게 번역했는가」, 『현대문학의 연구』 24, 한국문학연구학회, 2004.
허원, 「개화기 교과서의 계몽적 성격」, 『敎育發展』 23, 서원대학교, 2004.
허지향, 「니시 아마네(西周), 「생성발온(生性發蘊)」」, 『개념과 소통』 22, 한림과학원, 2018.
Takayoshi Kaneko, 「일본에서의 심리학의 발전과 현 위상」, 『한국심리학회 93 연차대회 학술발표논문집』, 한국심리학회, 1993.

▌서양 선교사를 통해 이식된 서양기독교윤리사상 - 숭실대학교 한국기독교 박물관 소장 기독교윤리문헌자료 활용을 위하여 ▌

〈한국기독교박물관 자료〉
『한국기독교박물관 소장 고문헌 목록』, 숭실대학교한국기독교박물관, 2005.
『한국기독교박물관 소장 기독교자료 해제』, 숭실대학교 한국기독교박물관, 2007.
『한국기독교 선교 130주년 기념 기획특별전 근대의 기억, 신앙의 기록-예수교서회의 문서운동』, 숭실대학교한국기독교박물관, 2015.

구스타프슨 J. M., 김희섭 옮김, 『신교와 구교의 윤리』, 대한기독교출판사, 1984.
김문식, 『조선후기 지식인의 대외인식』, 새문사, 2009.
김선희, 「7장. 19세기 지식장의 변동과 문명의식-홍한주, 이규경, 최한기를 중심으로」, 미야지마 히로시·배항섭·이경구 엮음, 『19세기 동아시아를 읽는 눈』, 너머북스, 2017.
김선희, 『서학, 조선 유학이 만난 낯선 거울-서학의 유입과 조선 후기의 지적 변동』, 모시는 사람들, 2018.
김선희, 「지식의 중첩과 혼종-서학의 도전과 조선 지식장의 대응」, 『제3회 숭실대학교 인문한국플러스(HK+)사업단 학술대회 발표자료집』, 숭실대학교 인문한국플러스사업단, 2019.1.17.

김승혜, 『동아시아 종교 전통과 그리스도교의 만남』, 영성생활, 1999.

南懷仁, 노영필 옮김, 『교요서론: 18세기 조선에서 유행한 천주교 교리서』, 한국사학, 2013.

박승찬, 「아리스토텔레스의 학문 체계에 대한 중세의 비판적 수용 – 토마스 아퀴나스의 주해
서를 중심으로」, 『중세철학』 9, 한국중세철학회, 2003.

박천홍, 『활자와 근대 - 1883년, 지식의 질서가 바뀌던 날』, 너머북스, 2018.

박해남, 「대한제국기 개신교 윤리의 형성과 성격에 관한 연구」, 한국기독교역사연구소소식
(81), 한국기독교역사연구소, 2008

백종구, 「초기 개신교 선교부의 사회윤리」, 『교회사학』 1:1, 한국기독교회사학회, 2001.

신하령, 「성찰긔략」, 『한국기독교박물관 소장 기독교자료해제』, 숭실대학교한국기독교박물
관, 2007.

심현주, 『그리스도교 사회윤리 기초』, 분도출판사, 2009.

원재연, 「정조대 처사 홍정하의 천주교리서 비판과 천주교 인식」, 『동국사학』 64, 동국대학
교 동국역사문화연구소, 2018.

원재연, 「성세추요(盛世芻蕘)」, 『부산교회사보』 35, 부산교회사연구소, 2002.7.

원재연, 「조선후기 천주교 서적에 나타난 '良知說'에 대하여」, 『양명학』 20, 2008.

오지석, 「한국기독교윤리학, 그 처음 이야기」, 『기독교사회윤리』 15, 한국기독교사회윤리학
회, 2008.

오지석, 「동서 기독교 윤리학의 가교로서의 서학 윤리사상」, 『기독교사회윤리』 21, 한국기독
교사회윤리학회, 2011.

오지석, 『서양기독교의 주체적 수용과 변용-갈등과 비판을 넘어서』, 푸른영토, 2018.

육영수, 「서양 선교사가 주도한 근대 한국학의 발명과 국제화, 1870년대-1890년대」, 『역사
민속학』 55, 2018.

육영수, 「책과 독서의 문화사와 근대서양의 재발견」, 『한국사 시민강좌』 37, 일조각,
2005.8.

이덕주, 『한국 기독교 정기간행물 100년』, 기독교문사, 1987.

이덕주, 『푸른 눈에 비친 백의민족』, 한국기독교역사박물관, 2008.

이장형, 『기독교윤리학의 한국적 수용과 정립』, 북코리아, 2016.

李鍾國, 「韓國의 近代印刷出版文化 研究」, 『印刷出版文化의 起源과 發達에 관한 研究論文

集』, (사)한국출판학회, 1996.

장윤금, 「우리나라 초기 외국인 선교사 자료의 디지털 아카이브 구축 필요성 연구 (1800~1910)」, 『종보관리학회지』 30:4, 한국정보관리학회, 2013.

정영아, 「일본문학(日本文學), 일본학(日本學): 소창문고본(小倉文庫本)「천주십계(天主十戒)」 필사의 배경 – 「성찰긔략」을 중심으로」, 『일어일문학연구』 75:2, 한국일어일문학회, 2010.

조현범, 『문명과 야만-타자의 시선으로 본 19세기 조선』, 책세상, 2005.

한명근 외, 『한국기독교박물관 자료를 통해 본 근대의 수용과 변용』, 선인, 2019.

한미경·장윤금, 「개신교 교육 선교사들의 편지(1885~1942)-북미 기록관 소장 현황」, 『人文科學』 111, 연세대학교 인문학연구원, 2017.12.

황종원·허재영·김경남·강미정, 『한국에 영향을 미친 중국 근대지식과 사상』, 경진출판, 2019.

▌근대전환기 근대식물학의 도입과 확산 ▌

구장률, 『근대 초기 잡지와 분과학문의 형성』, 케포이북스, 2012.

권두연, 「의진사(義進社)」의 출판활동과 출판-교육 네트워크」, 『우리문학연구』 54, 우리문학회, 2017.

김승태·박혜진, 『내한선교사총람』, 한국기독교역사연구소, 1994.

김연희, 『한국근대과학형성사』, 들녘, 2016.

김연희, 『한역 근대과학기술서와 대한제국의 과학』, 혜안, 2019.

김준민, 『들풀에서 줍는 과학』, 지성사, 2006.

김형목, 『교육운동: 한국독립운동의 역사』 35, 한국독립운동사편찬위원회·독립기념관 한국독립운동사연구소, 2009.

大渡忠太郎, 『근세식물학교과서』, 開成館, 1907.

로버트 헉슬리, 곽명단 옮김, 『위대한 박물학자』, 21세기 북스, 2009.

박상락, 「위생문답」, 『태극학보』 6, 태극학회, 1907.

박영민 외, 「수학자 이상설이 소개한 근대자연과학: 〈식물학〉」, 『수학교육논문집』 25:2, 2011.

박종석, 『개화기 한국의 과학교과서』, 한국학술정보, 2007.

서민교, 『1910년대 일제의 무단통치』-한국독립운동의 역사 4, 한국독립운동사편찬위원회 · 독립기념관 한국독립운동사연구소, 2009.

숭실대학교, 『숭실대학교 90년사』, 숭실대학교출판부, 1987.

숭실대학교 100년사편찬위원회, 『숭실대학교 100년사: ① 평양숭실편』, 숭실대학교, 1997.

숭실대학교 120년사 편찬위원회 편, 『민족과 함께 한 숭실 120년』, 숭실대학교 한국기독교 박물관, 2007.

애니 베어드 옮김, 『식물도설』, 대한성교서회, 1908.

오지석 「해제: 개화기 조선 선교사의 삶」, 『Inside Views of Mission Life(1913): 개화기 조선 선교사의 삶』, 도서출판 선인, 2019.

유길준, 허경진 옮김, 『서유견문: 조선지식인 유길준, 서양을 번역하다』, 서해문집, 2004.

유성준, 『신찬소박물학』, 안현보문사(安峴普文社), 1907.

유해영, 「식물학」, 『서북학회월보』 18, 서북학회, 1909.

윤정란, 「한국 근대에 대한 논쟁의 역사와 변화」, 『서양문명의 충격과 동양문화의 변용 - 다자적 시각에서』, 숭실대학교 HK+사업단 · 하남대학 공동 국제학술대회, 2019.

이덕봉, 「최근세한국식물학연구사: 일제통치하 한국에 있어서의 식물학연구에 관한 시설과 그 실태」, 『아세아연구』 4:2, 고려대학교아세아문제연구소, 1961.

이정, 「식민지 조선의 식물 연구(1910-1945): 조일 연구자의 상호 작용을 통한 상이한 근대 식물학의 형성」, 서울대 박사학위논문, 2018.

정인호 · 조종만 · 안종화, 강영심 옮김, 『근대역사교과서:초등대한역사 · 초등본국역사』 4, 소명출판, 2011.

조민제 · 이웅 · 최성호, 「『조선식물향명집』 "사정요지"를 통해 본 식물명의 유래」, 『한국과 학사학회지』 40:3, 2018.

카렌 암스트롱, 오강남 감수, 정준형 옮김, 『신을 위한 변론: 우리가 잃어버린 종교의 참 의 미를 찾아서』, 웅진 지식하우스, 2009.

한국기독교역사연구소, 『한국기독교와 역사』 Ⅰ, 기독교문사, 1989.

한규무, 『일제하 한국기독교 농촌운동: 1925-1937』, 한국기독교역사연구소, 1997.

한명근 외, 『통감부 설치와 한국 식민지화』-한국독립운동의 역사 3, 한국독립운동사편찬위
　　　　원회 · 독립기념관 한국독립운동사연구소, 2009,

한명근, 「한국기독교박물관 소장 근대 자료의 내용과 성격」, 『한국기독교박물관 자료를 통
　　　　해 본 근대의 수용과 변용』, 도서출판 선인, 2019.

허재영, 「근대 중국의 서양서 번역 · 보급과 한국 근대 학문에 미친 영향 연구」, 『한민족어
　　　　문학』 76, 한민족어문학회, 2017.

Asa Gray, *Botany for young people: How plants grow*, New york: Amerian book
　　　　company, 1858.

三宅驥一 · 草野俊助, 『エドワード ストラスブルガ 植物學』, 隆文館, 1910.

근대 전환기 기독교 학교의 서구 근대 생리학 수용과 변용 – 애니 베어드의 생리학 초권을 중심으로

애니 베어드, 『싱리학초권』, 숭실대학교 박물관 소장, 1908.

김성연, 「근대 초기 선교사 부인의 저술 활동과 번역가로서의 정체성」, 『현대문학의 연구』
　　　　55, 한국문학연구학회, 2015.

김승태, 박혜진, 『내한선교사총람』, 한국기독교역사연구소, 1994.

김연희, 『한국근대과학형성사』, 들녘, 2016.

김연희, 『한역 근대과학기술서와 대한제국의 과학』, 혜안, 2019.

김태웅, 『신식 소학교의 탄생과 학생의 삶』, 서해문집, 2017.

박종석, 『개화기 한국의 과학교과서』, 한국학술정보(주), 2007.

박종석, 정병훈, 박승재, 「대한제국 후기부터 일제 식민지 초기(1906-1915)까지 사용되었던
　　　　과학교과용 도서의 조사 분석」, 『한국과학교육학회지』 18:1, 한국과학교육학회,
　　　　1998.

박준형, 박형우, 「홍석후의 『신편생리교과서』(1906) 번역과 그 의미」, 『의사학』 21:3, 대한
　　　　의사학회, 2012.

박형우, 『한국근대서양의학교육사』, 청년의사, 2008.

이면우, 「근대 교육기(1876-1910) 학회지를 통한 과학교육의 전개」, 『한국지구과학회지』 22:2, 한국지구학회, 2001.

숭실대학교, 『숭실대학교 100년사』, 숭실대학교 100년사 편찬위원회, 1997.

숭실대학교, 『평양숭실대학 역사자료집 Ⅳ』.

오지석, 「해제:개화기 조선선교사의 삶」, 『Inside Views fo Mission Life(1913): 개화기 조선 선교사의 삶』, 도서출판 선인, 2019.

한명근, 「한국기독교박물관 소장 근대 자료의 내용과 성격」, 『한국기독교박물관 자료를 통해 본 근대의 수용과 변용』, 도서출판 선인, 2019.

허재영, 「근대 계몽기 전문 용어의 수용과 생성 과정 연구–생물학 담론을 중심으로」, 『한말연구』 42, 한말연구학회, 2016.

허재영, 「지식 유통 관점에서 본 근대 학술어 생성과 변화 연구–『성신지상』과 『생리학 초권』의 색인어를 대상으로」, 『동남어문논집』 46, 동남어문학회, 2018.

논문출처

제1부 교회 : 새로운 가치관의 수용과 변용

■ 근대전환기 한국교회 초기 혼인관의 한 유형- 숭실대학교 한국기독교박물관 소장 애니 베어트의 『고영규전(高永規傳)』, *Two Short Stories*를 중심으로 오지석, 「한국교회 초기 혼인관(婚姻觀)에 대한 연구-애니 베어드 (Annie L. Baird)의 『고영규전(高永規傳)』(*Two Short Stories*)를 중심 으로」, 『기독교사회윤리』 12호, 한국기독교사회윤리학회, 2006.

■ 자료로 본 초기 한국기독교계의 혼인론-『혼인론』(1914)과 『교인의 혼례론』(1922)
박혜미, 「초기 기독교 자료 해제 : 『혼인론』(1914)과 『교인의 혼례 론』(1922)」, 『한국기독교문화연구』 11, 숭실대학교 한국기독교문화 연구원, 2019.

■ 근대전환기 기독교윤리 교육과 주일학교의 아동중심교육학
윤정란, 「근대전환기 서구 기독교윤리 교육을 위한 주일학교의 아 동중심교육학 도입」, 『기독교사회윤리』 47, 한국기독교사회윤리학 회, 2020.

제2부 학교 : 근대 학문 분야의 수용과 변용

■ 식민지 시기 『심리학교과서』와 계몽

심의용, 「식민지 시기 『심리학교과서』와 계몽」, 『대동철학』 91, 대동철학회, 2020.

■ 서양 선교사를 통해 이식된 서양기독교윤리사상

－숭실대학교 한국기독교박물관 소장 기독교윤리문헌자료 활용을 위하여

오지석, 「서양선교사를 통해 이식된 기독교윤리사상」, 『기독교사회윤리』 44, 한국기독교사회윤리학회, 2019.

■ 근대전환기 근대식물학의 도입과 확산

윤정란, 「근대전환기 서구 근대 식물학의 도입과 확산의 토대 구축」, 『한국민족운동사연구』 102, 한국민족운동사학회, 2020.

■ 근대 전환기 기독교 학교의 서구 근대 생리학 수용과 변용

－애니 베어드의 생리학 초권을 중심으로

신고(新稿)

찾아보기

▌오지석

숭실대학교 철학박사

현재 숭실대학교 HK교수

숭실대학교 한국기독교문화연구원 부원장

한국기독교사회윤리학회장

『서양 기독교윤리의 주체적 수용과 변용: 갈등과 비판을 넘어서』, 『가치가 이끄는 삶』(공저), 『인간을 이해하는 아홉가지 단어』(공저), 『한국기독교박물관 자료를 통해 본 근대의 수용과 변용』(공저), 『근대 사상의 수용과 변용 I』(공저), 『개화기 조선 선교사의 삶』(해제), 『동물학』(해제)

▌박혜미

숭실대학교 사학과 졸업

숭실대학교 사학과 석사

현재 숭실대학교 한국기독교박물관 학예연구사

▌윤정란

숭실대학교 사학과 졸업

숭실대학교 사학과 대학원 박사

현재 숭실대학교 한국기독교문화연구원 HK교수

저서 『한국기독교여성운동의 역사』, 『한국전쟁과 기독교 』, 『한국근현대사에서 민족자주론과 사대주의: 19세기 말~1950년대』 외 다수

┃ 심의용

숭실대학교 철학박사

고전번역연수원 연수과정 수료

충북대학교 인문연구원

국사편찬위원회『비변사등록』번역 프로젝트 참여

성신여자대학교 연구교수

현재 숭실대학교 한국기독교문화연구원 HK연구교수

저서『마흔의 단어들』,『서사적 상상력으로 주역을 읽다』,『주역과 운명』,『귀곡자 교양강의』,『주역』,『인역(人易)』,『중국 지식인들과 정체성』,『장자 교양강의』,『주역절중』(공역),『성리대전』(공역),『근대 사상의 수용과 변용Ⅰ』(공저),『천문략례』(해제)

┃ 오선실

고려대학교 화학과 졸업

서울대학교 과학사 및 과학철학 협동과정 박사

현재 숭실대학교 한국기독교문화연구원 HK연구교수